AtV

KLAUS SCHLESINGER wurde 1937 in Berlin geboren. Er arbeitete mehrere Jahre als Chemielaborant in Industrie- und Forschungslabors in Ostberlin. Von 1963 bis 1969 war er freier Journalist, seit der Veröffentlichung seines ersten Romans freischaffender Schriftsteller. Nachdem er einen Brief an Erich Honecker, in dem die Kulturpolitik der DDR kritisiert wurde, mitunterzeichnet hatte, wurde er im Juni 1979 aus dem Schriftstellerverband der DDR ausgeschlossen und siedelte im März 1980 mit einem Ein- und Ausreisevisum nach Westberlin über. Er wohnt seit 1991 wieder in Ostberlin. Er schreibt Prosa, Hörspiele und Filmszenarien. Seine bekanntesten Bücher sind »Michael« (Roman, 1971); »Alte Filme. Eine Berliner Geschichte« (1976); »Berliner Traum. Fünf Geschichten« (1977); »Leben im Winter« (Erzählung, 1980); »Matulla und Busch« (1984); »Fliegender Wechsel. Eine persönliche Chronik« (1990); »Die Sache mit Randow« (Roman, 1996).

»Die Wahl zwischen der BRD und der DDR war mir schon immer vorgekommen wie die Wahl zwischen Pest und Cholera«, heißt es in einem der hier versammelten Texte, die nicht nur Klaus Schlesingers Schwierigkeit, Westler zu werden, beschreiben. Die tagebuchartigen Aufzeichnungen aus dem »Fliegenden Wechsel« sind in problemorientierte Publizistik übergegangen – etwa zum Verhältnis von Macht, Literatur und Staatssicherheit oder zu Irritationen eines Schriftstellers nach der Vereinigung. »Ich habe gar nichts mehr gegen unseren Beitritt. Kopfschmerzen macht mir nur, daß wir nie wieder austreten können.«

Klaus Schlesinger

Von der Schwierigkeit, Westler zu werden

Aufbau Taschenbuch Verlag

ISBN 3-7466-1448-1

2. Auflage 1998
© Aufbau Taschenbuch Verlag GmbH, Berlin 1998
Umschlaggestaltung Preuße & Hülpüsch Grafik-Design
unter Verwendung eines Fotos von Ulrich Burchert
Druck Elsnerdruck GmbH, Berlin
Printed in Germany

Inhalt

I.

II.

Was ist da zu reden! Sie werden mich allzu leicht herunterschlucken, wenn ich ihnen nicht wie ein Knochen im Halse steckenbleibe – ich werde nicht fähig sein, existent zu werden, wenn sie mich nicht als Feind empfinden werden.

Witold Gombrowicz, Die Tagebücher
Freitag, den 20. April 1963

I.

Sehnsucht nach der DDR?

Die Wahl zwischen der BRD und der DDR war mir schon immer vorgekommen wie die Wahl zwischen Pest und Cholera. Oder zwischen der luxuriösen und der gemütlichen Grube. Was soll ich für einen Grund haben, der einen nachzuweinen oder die andere zu feiern? In beiden Ländern ist es mir bekleckert genug gegangen, und ich sehe nicht ein, warum ich die paar Freuden, die ich natürlich auch hatte, den Systemen zuschlagen soll. Am besten ging es mir, wenn ich den beiden deutschen Staaten den Rücken kehrte, ob nun Richtung Krakow, Budapest oder Paris.

Es war natürlich nicht ohne Eindruck auf mich geblieben, als ich in das Land der Marktwirtschaft kam und sah, es funktionierte. Was es alles für Sachen zu kaufen gab, die ich vorher noch nie gesehen hatte und ohne die ich bis dahin ganz gut ausgekommen war. Das hat sich nun geändert.

Andererseits die Planökonomie – es ist tatsächlich ein Kunststück, die Wirtschaft so zu organisieren, daß es genau die Sache nicht gibt, die man gerade braucht. Was haben wir darüber für Witze gerissen! Ich denke, wir hatten auch eine Menge Spaß. Oder –?

Das einzige, was mich im Moment herausfordern kann, ein paar Sätze über die verschwundene DDR zu verlieren, ist mein Trotz. Ich kann es einfach nicht mehr hören, wenn mir die geleckten Affen aus den talk-shows erklären wollen, *wie* ich dreißig Jahre lang gelebt habe und warum es sich *nicht* gelohnt hat. Einige von ihnen habe ich in der Zeit, als es noch 25 Westmark kostete, unser ärmliches Ländchen zu betreten, bei Lesungen in Frankfurt/Main, Bremen oder Rheda-Wiedenbrück kennengelernt. Die

Ehrlicheren haben wenigstens zugegeben, daß sie die Sahara mehr interessiert als die DDR.

Jetzt wollen sie in Berlin den halben Osten abreißen. Zugegeben, er ist nicht besonders schön, aber verglichen mit dem Monstrum am Funkturm, das sie Kongreßzentrum nennen, ist der Palast der Republik, den ich zu DDR-Zeiten schon aus Protest nicht betreten habe, ein architektonischer Lichtblick. Und öder als An der Urania oder am Ernst-Reuter-Platz sieht es am Alexanderplatz auch nicht aus. Wir werden doch mal fragen dürfen, warum sie mit dem Abreißen nicht bei sich anfangen?

Von den Damen und Herren aus der Politik gar nicht erst zu reden! Die wären doch Achtundachtzig noch vor Stolz geplatzt, hätte ihnen der Dachdecker eine Audienz gewährt. Ich muß nur die Augen zumachen, dann sehe ich, wie sie sich vor den Kameras gespreizt und Bedeutung gemiemelt hätten. Ein Jahr später, als die Zeitungen gerade dabei waren, aus der Nazizeit und diesem komischen Sozialismus eine einzige braune Soße zu rühren, hatten sie nichts Besseres zu tun, als Honecker in den gleichen Knast zu stecken, in dem er schon unter Hitler saß. Nichts gegen einen Prozeß, z. B. wegen konterrevolutionärer Tätigkeit auf Regierungsebene. Leider waren es die Falschen, die hinterm Richtertisch saßen.

Jetzt schwärmen diese Leute über den Osten aus, kaufen ein Grundstück nach dem anderen, und wenn sie mal Zeit haben, die Augen aufzumachen, staunen sie: Ooch, guck mal, hier sind ja noch Alleebäume! Und sogar Störche! – Aber sie fragen sich nicht, warum diese schönen Vögel das freieste Deutschland, das es je gegeben hat, meiden wie der Teufel das Weihwasser? Und sie werden auch nicht eher ruhen, bis es im Osten genauso gefegt und häßlich und voller Parktaschen ist wie bei ihnen zu Hause. Wenigstens kennen diese Leute nicht, worüber sie reden, und wenn ich es mir recht überlege, ist mir diese Art Hochstapelei sogar ein bißchen sympathisch.

Das ist im Fall meiner konvertierten Landsleute ganz anders. Wenn ich sie so höre, habe ich den Eindruck, sie hätten schon gewußt, daß der Osten ein einziger Verlust sei, als sie bei den Jungpionieren noch »Kleine weiße Friedenstaube« gesungen haben. Mag sein, diese Anbiederei bringt ihnen drüben Lob und Preise, aber sie putzt einen kritischen Geist ganz bestimmt nicht. Manchmal kommt mir der Kaffee hoch, wenn ich einen, der noch im Leipziger Spätherbst 89 (oder war es schon Winter?) den Kommunismus mittels des lieben Gottes siegen lassen wollte, in der Saison darauf jammern höre, »die junge Demokratie« im Osten befände sich in Gefahr. Oder wenn eine, mit der ich noch Ende der Achtziger im Pankower Ratskeller ein gepökeltes, von ihr wärmstens empfohlenes Eisbein verzehrt habe, sich plötzlich vor den Fleischpaketen ihrer ehemaligen Mitbürger ekelt.

Wie kommen diese plötzlichen Sinneswandel zustande? Weil beim Wort Kommunismus der Beifall nachläßt? Weil die hanseatische Mittelklasse eher vegetarisch speist? So einfach ist das wohl nicht. Helga Novak hatte schon recht, als sie ihre Freundinnen und Freunde daran erinnerte, daß sie alle mal Komplizen waren. Vielleicht wird es im Feuilleton etwas ruhiger, wenn die Dichterinnen und Sänger verpflichtet werden, vor ihrem Auftritt den Antrag zu verlesen, mit dem sie damals um Aufnahme in die Partei der Arbeiterklasse gebeten haben. Wäre das nicht auch einen Sammelband wert?

Inzwischen muß dem letzten Ignoranten zwischen Weserbergland und Schwäbischer Alb klargeworden sein, was die Vereinigung eigentlich war: eine Geldheirat. In der Hochzeitsnacht mag es ja einige Orgasmen gegeben haben. Heute, zweieinhalb Jahre danach, scheint mir der Tatbestand der Vergewaltigung in der Ehe weitgehend erfüllt.

Besserung ist nicht in Sicht. Aus dem ganzen Schlamassel führt vielleicht nur ein Weg. Der Westen müßte die moralische Größe aufbringen und die DDR noch einmal völkerrechtlich anerkennen. Sozusagen posthum, und mit allen Konsequenzen. Das könnte den Leuten, die im Osten geblieben sind, vielleicht das wiedergeben, was ihnen tagtäglich genommen wird: ihre Geschichte.

Die Politiker, *die* Konvertiten, *die* Ostler, *die* Westler. Alles Unsinn, ich weiß. Ich habe im Westen genug Leute getroffen, mit denen sich reden läßt. Sie haben im Moment nur genauso wenig zu melden wie die im Osten. Seit diese Anti-Ost-Debatte von taz, SPIEGEL und Kursbuch angeschoben wurde, bewegt sie sich auf dem Niveau des Satzes »Der Südländer als solcher ist faul«. Und da platzt einem manchmal der Kragen, und man pöbelt zurück. Grober Klotz, grober Keil!

Ernsthaft, ich habe gar nichts mehr gegen unseren Beitritt. Kopfschmerzen macht mir nur, daß wir nie wieder austreten können.

(1993)

Die Mauer, die Not
und die Tugend

Würde ich gefragt werden, welches politische Ereignis zu den wichtigsten meines Lebens gehörte, könnte ich ohne Zögern antworten: Der Bau der Mauer. – Als sie stand, war ich vierundzwanzig, als sie fiel, dreiundfünfzig. Fast ein Menschenalter lang hat sie in mein Leben eingegriffen, hat mein Denken, mein Handeln beeinflußt, ob ich es wollte oder nicht. Die letzten zehn Jahre ihrer Existenz habe ich sie von der bunten, der westlichen Seite her erlebt. Sie war um keinen Deut weniger beherrschend.

Die Wochen, die Monate nach dem 13. August sind mir als eine Zeit äußerster Anspannung in Erinnerung. Wir lebten wie im Fieber. Kein Gespräch, weder auf der Arbeit, in der Kneipe, noch zu Hause, das nicht von der Mauer beherrscht war. Sätze wie: Das geht nicht auf Dauer. Denkt doch nur an die Familien! – In der ersten Zeit liefen wir jeden Tag an die Grenze und winkten über die provisorische Absperrung und die Köpfe der Bewacher hinweg unseren Verwandten zu. Eine Demonstration. Jeden Tag wieder. Dann sperrte die Volkspolizei die letzten einhundert Meter vor der Sektorengrenze mit einem Seil ab, und hindurch kam nur noch, wer in Grenznähe wohnte.

Das Gefühl in dieser Zeit: Zorn – im Wechsel mit Melancholie. Das Herz schrie, der Kopf ahnte Zusammenhänge. Der Ton dieser Zeit: Trotz. Auch Sarkasmus. Einmal, in einer Gewerkschaftsversammlung, als ein Funktionär auf die bedrohliche Lage auch im Innern hinwies, sagte ich betont lässig, er solle sich nicht aufregen, die Leute gewöhnten sich an alles, und nach einem halben Jahr würde niemand mehr davon sprechen. – Ich sah in erstaunte Gesichter; einige lachten unsicher. Natürlich glaubte ich nicht daran, hielt Sarkasmus aber für eine subversive Tat.

Die Jahre davor: Ein Leben in den Provisorien des Nachkriegs. Die Schilder an den Straßenecken, die die Sektoren markierten. *Sie verlassen den sowjetischen Sektor. Sie betreten den französischen Sektor.* Der schleichende Zerfall einer Stadt in zwei Teile, beschleunigt nur durch so schroffe Einschnitte wie der Währungsreform. Jahrelang war ich, wenn ich vom Prenzlauer Berg zu meiner Tante in den Wedding wollte, unbehelligt durch die Eberswalder in die Bernauer gegangen, vorbei an der Post N 58 und am Stadion, das früher Exerzierplatz gewesen war und auf dem sich nun die Trümmer der zerbombten Häuser türmten. Grenze? Unsinn. Wir wechselten die Straßenseite.

Eines Tages aber gingen Zollbeamte durch die Wagen der Straßenbahnlinie 4, bevor sie in den französischen Sektor fuhr, und kontrollierten die Fahrgäste. Eines Tages standen Uniformierte vor dem Schild, auf dem es jetzt statt *sowjetischer* Sektor *demokratischer* Sektor hieß. Diese trotzigen Dialoge. Ausweis, bitte! – Warum? – Weil Sie eine Staatsgrenze passieren! – Wieso Staatsgrenze? Ich gehe doch nur über den Damm!

Durch den Zufall der Geburt wohnte und arbeitete ich im Osten. Den Abend oder das Wochenende verbrachte ich beiderseits der Grenze. Andere Werte, anderes Geld, andere Waren. Mein Denken war leicht schizophren. Im Westen galt ich als Roter, im Osten als Kosmopolit. Damals redeten wir viel über das kleinere Übel. Wogen ab. Der Westen war reicher, klar, da kommt man zu mehr. Aber der Osten hat auch seine guten Seiten oder –? Welches Übel das kleinere war, entschied jeder für sich. Ich rauchte Zigaretten mit schwarzem Tabak, ging drüben ins Kino, las rororo-Bücher, Kurs eins zu fünf. Einige meiner Kumpel wechselten die Straßenseite und kamen nicht mehr zurück. Rüber, in den Westen, wollte ich nicht. Aber eine Mauer? Irrsinn!

Dabei wußten wir, daß es möglich war. Dreiundfünfzig zum Beispiel. Ein, zwei Wochen kam niemand über die Grenze, an der russische Panzer standen, die Geschütze paradoxerweise nach Westen gerichtet. *Wir* waren doch auf der Straße gewesen! – Oder beim Geldumtausch. Alles war dicht, als das in den Westen geflossene Ostgeld von einem Tag auf den anderen für ungültig erklärt wurde. Keine U-Bahn, keine S-Bahn fuhr mehr hinüber, und an den Straßen kein Durchkommen. Zweimal, glaube ich, haben wir das mitgemacht. Es geschah immer sonntags. Am Montag war alles wieder beim alten.

Wieder die Unruhe an meiner Arbeitsstelle, wenn morgens jemand ausblieb und sich nicht krank gemeldet hatte. Spätestens mittags wurde einer beauftragt, mal in der Wohnung nachzuschauen ... Oder in der Kneipe: Zum Essenbestellen kamst du meist gar nicht. Kaum hattest du Zwei Bier gesagt, war der hoffnungslos überlastete Kellner schon auf dem Weg zum Tresen. Keine Schraube, keine Bockwurst, kein Blumenstrauß ohne Vorlage des Personalausweises.

Einmal der Satz, daß unsere Probleme nun, nach der Mauer, nicht mehr auf die offene Grenze geschoben werden können. Jetzt müsse Tacheles geredet werden. Einer von uns meinte, daß Sozialismus, wenn überhaupt, erst jetzt möglich sei.

Tatsächlich wurden die Läden voller. Um einen vernünftigen Film zu sehen, konnte ich, statt nach Charlottenburg zum Steinplatz, in die Friedrichstraße gehen, ins neue Filmkunstkino Camera. Montags gabs Jazz in der Großen Melodie; in der Akademie am Robert-Koch-Platz las Stephan Hermlin seine *Ballade von der Dame Hoffnung*. Und traf ich nicht ständig Leute, die meine Sprache redeten?

Wann ich mich an die Mauer gewöhnt hatte, weiß ich nicht mehr. Es müssen Jahre vergangen sein, bis ich sie wahrnahm wie die Transparente mit den Parolen vom Sieg des Sozialismus oder heute die Reklame. Bis sie nicht mehr mein Bewußtsein beherrschte. Nur die Träume, periodisch wiederkehrend. Ich fahre mit der U-Bahn Richtung Ruhleben, ein Gefühl äußerster Spannung, wenn die Kontrolleure am Grenzbahnhof Potsdamer Platz in den Zug treten. Glücklicherweise werde ich nicht erkannt und stehe irgendwann erleichtert auf dem Wittenbergplatz, gleich neben dem KaDeWe. Jetzt will ich zurück, unbedingt, aber wie –? Ich habe kein Westgeld! – Oder: Ich gehe durch die Hoftür eines Eckhauses, trete unbehelligt durch die Tür des anderen Hauses hinaus und weiß, ich bin im Westen. Wieder das Problem der Rückkehr. Die Posten in Höhe des ersten Stockwerks sehe ich genau. Noch haben sie mich, der ich mich unter ein Fenster ducke, nicht entdeckt. Eng an die Wand gedrückt und mit rasendem Herzschlag schleiche ich zurück. Aufwachen, schweißnaß.

Über die Mauer schreiben konnte ich erst, als ich sie überwunden hatte, mit einem 5-Tage-Visum, Anfang der Siebziger. Als ich durch die Katakomben des Bahnhofs Friedrichstraße gelaufen, als ich das erste Mal mit der U-Bahn ohne
Halt unter dem Osten hindurchgefahren war. Voltastraße.
Noch immer die warnende Stimme, dies sei der letzte Bahnhof in Westberlin, der Zug fuhr an, wieder Herzklopfen, das
Gefühl der Enge um die Brust herum. Bernauer Straße. Ich
starrte in das dämmrige Licht, sah schattenhaft die Umrisse
eines Bahnpolizisten. Rosenthaler Platz. Uralte Reklame-
schilder, die schmutzigen, schwefelgoldenen Kacheln des
Bahnhofs, und ungefähr auf der Höhe des zweiten Stations-
schildes hatte ich plötzlich das Bild der Straße fünf Meter
über mir vor Augen, das Haus Nummer fünf, es war gegen
eins, die Kinder mußten aus der Schule gekommen sein,
saßen im Vorderzimmer unter einem Druck von Miró beim
Mittagessen – da, in diesem Augenblick zog sich alles in mir
zusammen, und ich konnte sekundenlang keine Luft holen.

Irgendwann muß ich die Mauer akzeptiert haben. Unsinn,
nicht die Mauer, die Teilung. Die Teilung Deutschlands.
Wann –? Vielleicht zwischen der Lektüre der Jalta-Proto-
kolle, einem Besuch in Auschwitz und den Fahrten auf der
ehemaligen Reichsstraße 1, die einst von Aachen nach Kö-
nigsberg führte. Einmal, ich weiß es noch genau, stand ich
in der weichen Landschaft der Masuren, kurz vor der
schroffen, wie mit einem Lineal gezogenen Grenze zur Sowjetunion. Ich hielt den Atem an und dachte, das war für
zweihundert Jahre einmal Deutschland gewesen, und da
wußte ich – nein, da bekam ich eine sinnliche Vorstellung
von der Größe jenes Landes, das einst *Deutsches Reich* hieß,
und es kam mir riesig vor, dieses Reich, das durch einen
Krieg entstanden war und seit seiner Gründung zwei Weltkriege ausgelöst hatte, ehe es wieder zerfiel, und als ich
mich ins Auto setzte, war mir mit einemmal klar, daß es
vielleicht zu groß gewesen war für eine Mittelmacht und zu

klein für eine Großmacht. Und auf der Rückfahrt nach Gdańsk fiel mir ein, es könnte in der Geopolitik ähnlich sein wie in der Kernphysik: wenn eine kritische Masse erreicht ist, kracht es.

Natürlich habe ich mich gefragt, ob mein Verständnis für die deutsche Teilung nicht einer Not gehorchte, die zur Tugend wurde. Ob ich nicht einen Grund suchte, eine geschichtliche Determinante, an der ich nichts, aber auch gar nichts ändern konnte, für mich lebbar zu machen. Ich habe die Antwort nicht gefunden.

In den Wochen, in denen die Mauer verschwand, kam es mir jedenfalls vor, als liefe die Zeit rückwärts und ich bewegte mich auf etwas zu, für das das Wort Unglück zu klein, das Wort Tragödie zu groß gewählt wäre. Wie in jenen Augusttagen des Jahres 1961 befiel mich eine Melancholie, die mich bis heute nicht losgelassen hat. Doch wenn ich mir die Mauer vorstellen will, muß ich schon die Augen schließen.

(1993)

Russische Botschaft

1

Die Architektur gibt sich alle Mühe, jenen Eindruck von Mächtigkeit zu erzeugen, die den Betrachter in seine Bedeutungslosigkeit verweist: mehr als hundert Meter lang ist das Gebäude, aus hellem Stein, mit einer Unzahl von Fenstern und, wie ich las, dreihundertfünfzig Räumen im Inneren.

Sicher, dieser Bau war mit die wichtigste Repräsentanz der Sowjetunion. Sicher, hier mögen Entscheidungen gefallen sein, die in das Leben jedes einzelnen, auch in meines, eingegriffen haben.

Aber merkwürdig, die Spannung, die von Gebäuden ausgeht, in denen Geschichte gemacht wurde – diese Spannung, die ich in der Wannsee-Villa, auf den Resten des Führerbunkers oder vor den kühlen Palästen der Wallstreet empfand –, sie will sich hier, dreihundert Meter vom Brandenburger Tor entfernt, nicht einstellen.

Mag sein, es liegt an der Gegend. Ich bin im Berliner Norden aufgewachsen, in einer baumlosen Nebenstraße zwischen der Schönhauser und der Prenzlauer Allee. Mein Terrain waren die Hinterhöfe, die überraschenden Durchgänge der Eckhäuser und die Teerdächer zwanzig Meter über der Straße; meine Obsessionen der Fußball und die Straßenclique, die sich auf dem Helmholtzplatz regelmäßig Bandenkämpfe mit ihresgleichen lieferte.

Unter den Linden – das war wie eine andere Stadt. Sie zu besuchen brauchte schon einen Anlaß von feiertäglichen Ausmaßen. Unter den Linden hieß Spaziergänge an der Hand der Mutter; hieß Eisessen in piekfeinem Milieu; hieß Denkmäler anschauen mit Sehnsucht nach den Kumpeln vor der Haustür.

Das Zeughaus mit den Uniformen der Landwehr und den Kanonen aus dem Siebenjährigen Krieg war schon etwas anderes, aber spätestens im Pergamonmuseum stellte sich wieder ein, was Feiertage für Kinder auszeichnet: die Langeweile. Nur einmal, ich muß fünf oder sechs gewesen sein, Stalingrad war noch nicht gefallen, das schockartige Erlebnis eines Besuchs in Schinkels Altem Museum. Einzelheiten habe ich nur undeutlich im Gedächtnis: düstere Kammern, Menschen täuschend ähnliche Puppen mit vor Entsetzen aufgerissenen Augen oder mit brutalen Physiognomien, den roten Stern auf der spitzen Mütze, in der zum Schlag erhobenen Hand die Knute. Deutlich erinnerlich die beklemmende, Folterkammern assoziierende Atmosphäre, die mir einen Schrecken einjagte, den zu vergessen ich Jahre brauchte. Die Ausstellung hieß »Das Sowjetparadies«, war eine ebenso perfide wie raffinierte

Demonstration nationalsozialistischer Propaganda, und sie war, wenn ich so sagen darf, meine erste Begegnung mit den Russen.

Die zweite geschah drei Jahre später, Anfang Mai 1945. Sie zogen in Kolonnen die Danziger Straße hinauf, längs der Straßenbahnlinie vier, Richtung Wedding; stämmige braungebrannte Männer auf Panjewagen, vor denen zottige Pferde gespannt waren. Unsere Straße war weiß von Bettlaken, Kopfkissen und Handtüchern, die zum Zeichen der Kapitulation aus den Fenstern hingen. Wir standen vor der Haustür und starrten auf den schmalen Durchgang der Barrikade, durch den die deutschen Soldaten kamen, waffenlos und ohne Schulterstücken, erschöpft und erleichtert. Ich suchte unter ihnen nach meinem Vater, der zur Polizei eingezogen war, doch er kam weder an diesem noch am nächsten Tag. Am übernächsten aber stopfte meine Mutter in höchster Erregung seine zweite Uniform in den Ofen und rief, die Russen kämen, liefen von Haus zu Haus, von Wohnung zu Wohnung und suchten nach Männern! Wenn sie die Uniform fänden! – Es war Mai, die Sonne schien, der Ofen qualmte zum Gotterbarmen. Als es dann gegen die Tür hämmerte, war es plötzlich so still im Zimmer, daß ich fürchtete, meine Mutter würde für immer erstarren, aber im nächsten Moment atmete sie tief durch, ging mit festem Schritt zur Tür und riß sie auf. Vor ihr ein junger Russe in lehmbrauner Uniform, kaum zwanzig, mit offenem Bauerngesicht und MPi. Meine Mutter machte einen Schritt auf ihn zu, rief laut Nix Mann! Nix Mann! und ruderte derart mit den Armen, daß er erschrocken zurückwich, etwas auf russisch sagte, das wie eine Entschuldigung klang, sich umwandte und mit dem Kolben seiner Waffe an die Nachbartür schlug.

Die Lastwagen, von denen herab russische Soldaten Brot an die hungernde Berliner Bevölkerung verteilen, kenne ich

nur aus alten Wochenschauen, aber ich habe in meiner
näheren Umgebung auch keine Vergewaltigungen erlebt.
Abends, wenn die Sperrstunde begann, verbarrikadierten
wir die Haustüren mit Eisenträgern und mächtigen Bohlen.
Manchmal erwachte ich nachts durch harte, hämmernde
Schläge. Dann saß meine Mutter aufrecht im Bett und
kaute an ihrer Unterlippe. Ein drohender, nicht vollende-
ter Satz, gefallen am Familientisch im letzten Kriegssom-
mer, war mir im Kopf geblieben: Wenn die Russen das, was
wir bei ihnen angerichtet haben, bei uns ... Na, dann gnade
uns Gott! –

Für diesen Fall hatte mein Vater, dessen Spuren sich in
der Schlacht um Berlin verloren, eine Pistole, Marke Sauer,
zurückgelassen. Mein Großvater, ein pommerscher Kutscher, warf sie kurz nach dem 2. Mai in den Müll.

In den chaotischen Monaten nach dem Kriegsende war
ich, wie alle Jungen, ein Straßenkind. Der Wohnungs-
schlüssel hing uns am Band um den Hals, wir trugen
schlechtes Schuhwerk und hatten vor keinem Erwachsenen, auch vor keinem Sieger, Respekt. Auf der Straße gröl-
ten wir vor Schadenfreude, als ein junger russischer Soldat,
der offenbar zum ersten Mal in seinem Leben auf ein Fahrrad gestiegen war, über den Damm taumelte und gegen eine
Laterne fuhr. Nach der Schule, die viel zu schnell wieder
angefangen hatte, durchstreiften wir die näheren Bezirke
unserer Stadt, die plötzlich eine Viersektorenstadt geworden war: Franzosen, Engländer, Amerikaner waren einge-
rückt, es gab Kaugummi, Corned beef, Glenn Miller – und
die längs des sowjetischen Sektors aufgestellten Schilder
mit dem Stalin-Zitat: *Die Hitler kommen und gehen, das
deutsche Volk bleibt!*

Über Nacht waren wir zwischen zwei gegensätzliche
Pole gestellt worden. Wir erlebten sie anfangs kulturell, in
Filmen, auf Ausstellungen, über Bücher und Musik – als
Spannung zweier höchst unterschiedlicher Lebensauffas-
sungen. Und auch wenn ich mich als Zehnjähriger in eine

russische Schauspielerin aus einem Film über die Zeit der Leningrader Blockade verliebte; auch wenn ich aus dem Kiosk des Dietz-Verlags am zerstörten Alexanderplatz die knallblauen oder tiefroten, vor allem aber spottbilligen Broschüren erstand, Engels las, Kalinin und Mehring – hätte ich mich damals entscheiden müssen für eine Seite, es wäre die der Amerikaner gewesen: Sie hatten den Swing.

Ohnehin waren die Russen aus dem Straßenbild verschwunden. Präsent war ihre Architektur in den palastartigen Wohnbauten der Stalinallee, in den Türmen am Strausberger Platz oder hier, am ersten Gebäude, das in der arg verwüsteten einstigen Prachtstraße Unter den Linden auf dem Gelände der ehemaligen russischen Botschaft in neuem Stil errichtet und, wie ich las, »pünktlich zum 33. Jahrestag der Oktoberrevolution« seiner Bestimmung übergeben wurde. Damals lachten wir über die protzige Architektur der neuen Bauten und ahnten nicht, daß wir sie zwei Jahrzehnte später angesichts der Uniformität der Moderne als warm, als beinahe gemütlich empfinden würden.

Präsent war auch der Genosse Stalin, der bei Demonstrationen als Foto mit Schnauzer und gütig-strengem Lächeln über unseren Köpfen schwebte. Präsent war eine propagandistische Pädagogik, die uns den Sowjetbürger, ach, den russischen Menschen schlechthin als ein Wesen schilderte, das moralisch, sozial und kulturell weit über uns stand und dem nachzustreben allerhöchstes Ziel sei.

Für die mit Hans Dominick und Paul Eugen Sieg aufgewachsene, nationalistisch infizierte deutsche Jugend brachte der sowjetische SWA-Verlag 1949 ein Buch mit dem Titel »Aus dem Reiche der Entdeckungen« heraus, das mich mit seinem königsblauen Einband und den im Stil jener fortschrittsgläubigen Zeit fixierten Symbolen der Industrie und Technik faszinierte. Es war spannend geschrieben, aber es schilderte die russische Wissenschaft der vergangenen Jahrzehnte als den Motor allen technischen Fortschritts, sei es des elektrischen Lichts, des Flugzeugs, der Raketen oder der Telegraphie. Ich warf es vor Zorn in die Ecke.

Die Substitution des einen Nationalismus durch einen neuen hatte nicht funktioniert. Als wären wir, nach der bösen Enttäuschung durch Hitler, immun geworden gegen Erscheinungsformen absoluter Herrschaft, die den vergangenen nicht selten bis aufs Haar glichen.

Den Tag, an dem unser Lehrer, Herr Welz, vor die Klasse seiner Berufsschüler trat und uns mitteilte, daß der größte Sohn des sowjetischen Volkes, der Vater der Werktätigen aus aller Welt, nach kurzer, schwerer Krankheit gestorben sei, werde ich deshalb nicht vergessen, weil ich bei keinem Menschen wieder einen so krassen Gegensatz zwischen der Aussage seiner von eigentümlichem Pathos belegten Stimme und der seiner leuchtenden Augen fand. Wir sahen ihn an, und je länger er sprach, desto stärker wurde sein pathetischer Tonfall, aber auch das Blitzen, das Leuchten in seinen Augen, und als er uns aufforderte, eine Minute in schweigendem Gedenken zu verharren, verzogen sich unsere Münder angesichts des grotesken Rituals zu schiefem Lächeln, so daß sich unser Lehrer abrupt zur Tafel wandte. Seine Schultern bebten, und wir wußten, sie bebten nicht vor Erschütterung über den plötzlichen Tod des Genossen Josef Stalin.

Drei Monate später tobten wir durch die Straßen, rissen die quer über die Dämme gezogenen Asphaltschwellen, die den Verkehr zwischen dem östlichen und dem westlichen Teil der Stadt unterbrochen hatten, vom Pflaster, warfen mit Steinen auf die vorbeijagenden Einsatzfahrzeuge der Bereitschaftspolizei und verbrannten die Propagandaschilder der örtlichen Macht auf offener Straße. Am späten Nachmittag hatten die Truppen der Sowjetarmee die Stadt zum zweiten Mal besetzt. Sie klärten die Machtverhältnisse. Wem sie nicht paßten, konnte bis zum August 61 mit der S-Bahn die Seite wechseln. Wer blieb, lebte mit ihnen.

Zehn Jahre vergingen, ehe ich meine dritte wichtige Begegnung mit einem Russen, einem Ingenieur namens Bachirew, hatte. Es waren zehn aufwühlende und widersprüchliche Jahre.

Einerseits ging unter den Leuten, mit denen ich lebte, ein langsamer, aber spürbarer Anpassungsprozeß an die Beschlüsse von Jalta zur Aufteilung Deutschlands und Europas vor sich. Ihre Haltung zu den Russen, wie die Völker der Sowjetunion summarisch genannt wurden, verlor an Distanz, wurde selbstbewußter. Das lag nicht etwa an einer Intensivierung persönlicher Kontakte. Ein Tourismus in die SU fand damals nicht statt, hielt sich auch später in bescheidenen Grenzen, und die 400- oder 500 000 im Osten stationierten Rotarmisten lebten in einer Abgeschlossenheit, die sich nur mit Strafgefangenen im Freigang vergleichen läßt.

Kontakte hatten stets offiziellen Charakter. Die ein, zwei sogenannten Freundschaftstreffen, an die ich mich erinnere, waren gutgemeinte Kaffeetafeln schweigenden Unverständnisses. Anlächeln, Zutrinken, deutsch guttt, Wodka guttt, Na sdarowje!, Prost!

Es muß in dieser Zeit gewesen sein, da man von den Russen als von *den Freunden* zu sprechen begann. Ursprünglich eine Kreation der Parteifunktionäre, wurde sie, was mich immer gewundert hat, von den Leuten überraschend schnell angenommen. Vielleicht deshalb, weil der Begriff durch leichte Variationen im Tonfall, durch kleine mimische oder gestische Veränderungen durchaus verfremdet und in sein Gegenteil verkehrt werden konnte, ohne daß einem jemand eine feindliche Haltung zum großen Brudervolk nachsagen konnte.

Andererseits betrafen uns die politischen Vorgänge in der Sowjetunion in gleichem Maße, in dem sich in der DDR die sowjetischen Gesellschaftsstrukturen durchzusetzen begannen. Das bewies sich spätestens im Februar 1956, beim XX. Parteitag der KPdSU, der eine Abrechnung mit Stalin, mit der *Periode des Personenkults* wurde. Ich hörte über den RIAS davon, fuhr ins Westberliner Amerika-Haus, schmuggelte drei Exemplare der Rede Chruschtschows, die in der DDR nie veröffentlicht wurde, unter dem Hemd über die Grenze und verteilte sie unter meinen Freunden. Einen Frühling und einen Sommer hatten wir so etwas wie Hoffnung, daß sich diese Form des Sozialismus, die wir mit gemischten Gefühlen erlebten, demokratisieren könnte; im Herbst wurde sie das erste Mal enttäuscht; in Budapest.

Ein Satz machte die Runde, als alle Versuche, die inneren Verhältnisse in den Ländern des Warschauer Pakts zu ändern – in Polen, in Ungarn und, später, in der Tschechoslowakei –, militärisch beendet wurden: Der Schwanz wedelt nie mit dem Hund.

Fortan war unser Blick auf die Sowjetunion nur von einem Interesse bestimmt: Was ändert sich in ihr, und ist es für uns von Vorteil?

Die Botschaft brachte wiederum die Kultur, brachten die Filme, die Literatur, brachten Jewtuschenko, Wosnessenski, Solschenizyn über die Grenzen. Und, Anfang der Sechziger, jener Ingenieur namens Bachirew, der die Hauptfigur eines Buches ist, das »Schlacht unterwegs« heißt; Protagonist des Kampfes zwischen *Neuem* und *Altem*, des wissenschaftlichen Sozialismus gegen den messianischen, der Technokratie gegen die Bürokratie; Begleitbote einer Reform der administrativen Planwirtschaft, die der sowjetische Ökonom Liberman auf den Weg gebracht hatte und die in der DDR mit einer politisch-kulturellen konform ging. Zwei, drei Jahre geistige Offenheit; eine Presse mit neuer, kritischer Tendenz, Filme wie Frank Beyers »Spur der Steine«, Bücher von Erwin Strittmatter, Stefan Heym und Christa Wolf ...

Im Roman siegte Bachirew. In der Realität wurde Chruschtschow von Breschnew gestürzt, und bei uns blies Walter Ulbricht auf dem 11. Plenum der SED im Dezember 1965 zum gegenreformerischen Sturm.

Damals wurde in der berühmten Witzserie über Radio Jerewan gefragt, warum der Genosse Breschnew so buschige Augenbrauen habe? Die Antwort: Es handele sich bei dem erwähnten Objekt nicht um die Augenbrauen des Genossen Breschnew, sondern um den Schnauzbart des Genossen Stalin auf höherer Ebene.

2

Noch funkelt hoch über uns, an der Spitze des Fahnenmastes der Botschaft, der fünfzackige Sowjetstern in der untergehenden Sonne. Noch steht hinter dem schmiedeeisernen Gitter auf heckenumschlossenem Rasen die Büste Lenins, des Gründers der Sowjetunion, dessen Staat, im Bürgerkrieg geschaffen, in mehr als sieben Jahrzehnten zur zweitgrößten Macht dieser Erde wuchs. Die Serienskulptur ist milchweiß gestrichen, und es mag an der blicklosen Augenpartie liegen, daß sie eine gewisse Enge ausstrahlt; so als wäre ihr Horizont begrenzt und würde schon gar nicht mehr wahrnehmen wollen, daß ein paar hundert Meter weiter kurdische Souvenir-Händler die Insignien der stolzen Roten Armee, Koppelschlösser, Offiziersmützen, ja ganze Uniformen, an die Touristen aus aller Welt verscherbeln.

Und jetzt ahne ich auch, warum sich das Gefühl geschichtträchtiger Spannung vor diesem Bau, den trotz seiner Mächtigkeit eine Aura von Subalternität umgibt, nicht einstellen will. Die wirklich bedeutenden, in unser Leben eingreifenden Entscheidungen liefen nicht über dieses Haus. Sie liefen über die Zentralen der Parteien, via Direktkontakt Moskau–Berlin.

Die Parteizentralen existieren nicht mehr. Der Staat, den diese Botschaft repräsentiert, ist zerfallen. Zwei, drei Jahre noch, dann werden die letzten Truppen der Roten Armee, deren Sieg über das Deutschland Hitlers ich erst Jahre nach meiner ersten Begegnung mit ihnen als Befreiung begriff, abgezogen sein. Was bleibt von der mehr als vier Jahrzehnte dauernden sowjetischen Hegemonie über den östlichen Teil Deutschlands? Ein Dutzend Wörter, die in die Alltagssprache eingegangen sind, wie *Sputnik* oder *Datsche*, und die Erinnerung an den ironischen Gebrauch des doppelten und dreifachen Genitivs, wenn wir Parteioffizielles zitierten?

In den letzten Jahren haben wir Ost- und Westdeutschen oft miteinander gestritten, welche unserer beiden großen Schutzmächte einen stärkeren Einfluß auf die kulturelle Identität ihrer Schutzbefohlenen ausgeübt hatte. Ich fand, daß die Westdeutschen viel stärker amerikanisiert waren als die Ostdeutschen russifiziert, und zitierte immer Erwin Chargaff, einen neutralen Beobachter: Die Westdeutschen hätten es geschafft, zu sein wie die Amerikaner, nur mit besserem Bier.

Ich hatte die Lacher auf meiner Seite, war aber lange Zeit unsicher, ob die jüngeren Generationen, für die der Krieg in grauer Vorzeit lag und die ab der 5. Klasse Russisch lernten, nicht ein anderes, unbefangeneres Verhältnis zum großen Bruder im Osten hatten, bis mein mittlerer Sohn, er war am Anfang der zehnten Klasse, einmal den an seiner Schule gängigen Spruch skandierte: Ras, dwa, tri/ russisch lern' wir nie!

Noch Jahre nach jenem Maitag 1945 wurde die Szene, in der meine energische Mutter dem jungen Rotarmisten die Tür gewiesen hatte, am Familientisch kolportiert, und ich kann mir nicht helfen, ich finde etwas Symbolhaftes hinter ihrem triumphierenden Satz: In die Wohnung ist er aber nicht gekommen, der Russe!

(1991)

Helmaktion

Stolperschritte auf dem dritten Weg

Am Anfang war das Bild. Schwarzweiß aus Prag der bedachte, jedes Wort wägende Eduard Goldstücker mit seiner Vision vom tschechoslowakischen Sozialismus. Aus Baden-Baden der sengende Blick eines jungen Mannes namens Rudi Dutschke, der zu einem Interviewer namens Günter Gaus von der Notwendigkeit radikaler Veränderungen in der BRD sprach. Beide, Goldstücker wie Dutschke, gebrauchten uns bekannte, marxistische Begriffe, aber beide taten es auf eine so andere Art, daß die Worte, ihrer Phraseologie entkleidet, wie neu vor uns standen; wieder benutzbar.

Es war eine Stimmung des Aufbruchs nach den bleiernen Jahren, die dem kulturellen Kahlschlag nach Ulbrichts 11. Plenum gefolgt waren. Überall Diskussionen, in den Freundeskreisen, den lockeren Zirkeln, den Jugendklubs. Wo man hinsah: Bewegung. Hüben und drüben die zarte Hoffnung, daß aus der deutschen Alternative eine andere, lebbarere wachsen könnte.

Auch die Bilder vom Attentat sah ich zuerst im Fernsehen: den Bordstein einer Berliner Straße, das verbogene Fahrrad, den einzelnen Schuh. Spät abends die gepreßten Stimmen aus dem Polizeifunk: Störer im Bereich Kochstraße! Steinwürfe! – Im Hintergrund Sprechchöre, Pfiffe, Johlen, Tumult. Ich saß gefesselt vor dem Zwölfkreissuper aus Staßfurt. Die Straße kocht, und ich bin hinter der Mauer!

Dann kam Ostern. Der Spaziergang mit Stephan am Sonntag, die Linden, die Friedrichstraße hinunter, quer durch Nebenstraßen in die Nähe des Springerhauses; wie angesogen. Der Blick über die kalkweiße Mauer auf den Kasten mit der schrägen, nach Osten gerichteten Leuchtschrift. Gefühle der Wut, der Ohnmacht. Der Satz: Wenn man was machen könnte! – Stephans Gedanke an einen Mann von *drüben*, der öfter seine Stiefmutter, eine bekannte Schauspielerin, besuchte und irgendwas mit der Apo zu tun haben sollte; den wolle er mal fragen. – Eine Woche später kam die Antwort. Wenn wir etwas tun wollten, könnten wir Helme gegen die Gummiknüppel und Regenmäntel gegen die Wasserwerfer schicken.

Wir saßen am Wochenende meist in einem Friedrichshainer Jugendklub, in dem die ersten Free-Jazz-Sessions Ostberlins stattfanden und eine Menge unangepaßter Leute Ende Zwanzig, Anfang Dreißig verkehrten. Unsere Idee stieß auf ebenso viel Resonanz, wie sie Bedenken hervorrief. Könnten wir das tun, eine Gruppe von Leuten, unabhängig, wie wir sagten, einfach so?

Wir gingen zu Stephans Vater, dem Chefkommentator des Fernsehens, der uns eher abriet, sich aber bei Gelegenheit in den oberen Etagen der Partei erkundigen wollte. Wir gingen zu Stephans Stiefmutter, die uns zu ihrem Nachbarn mitnahm, dem Bildhauer, dem Spanienkämpfer. Mitten in unseren zweifelnden Reden verlor er die Geduld und herrschte uns an: Wenn wir glaubten, wir täten das Richtige, sollten wir es tun, anstatt endlos zu diskutieren oder auf einen Segen von oben zu warten.

Am nächsten Tag begannen wir, Geld zu sammeln bei Leuten, die wir *unser Establishment* nannten, bei Schauspielern, Künstlern, Wissenschaftlern. Ich hatte früher als Laborant in der Charité gearbeitet, ging zu den Doktoren und Professoren der Medizinischen Fakultät, stand auch dem Dekan gegenüber, einem Genossen mit Einzelvertrag und Dienstwagen, der zögernd und mit entschuldigender Geste zwanzig Mark aus seiner Brieftasche zog: Er baue zur Zeit, und ich wisse sicherlich, was es heiße zu bauen. – Ich wußte es nicht.

In ein paar Tagen hatten wir die für östliche Verhältnisse beachtliche Summe von achttausend Mark beieinander, liefen in kleinen Gruppen von Laden zu Laden und entzogen dem Bevölkerungsbedarf alle verfügbaren Motorradhelme und Regenmäntel aus PVC. Wegen der teuren Helme schmolz das Geld schnell dahin. Einer hatte die Idee, wir sollten es mit den billigeren Bauarbeiterhelmen versuchen, aber die gab es im Einzelhandel nicht, und Barzahlung stieß im sozialistischen Großhandel auf Schwierigkeiten. Wir gründeten kurzerhand eine Scheinfirma, verteilten die Berge von Helmen, die Stapel von Regenmänteln auf zwei Wohnungen und gaben die Nachricht, es könne losgehen.

Am Wochenende vor dem 1. Mai begann die Aktion. Gruppen von drei, vier Leuten kamen herüber und nahmen drei, vier Helme oder Regenmäntel pro Person hinüber, gerüstet mit einem formlosen Stück Papier für die Grenze, auf dem vermerkt war, daß »die mitgeführten Gegenstände ein Solidaritätsgeschenk für die Westberliner Apo zum 1. Mai 1968« seien – Unterschrift Fritz Cremer, National-preisträger; Inge Keller, Nationalpreisträgerin –, und unserem trotzigen Satz: Wollen wir mal sehen, ob sie euch damit Schwierigkeiten machen!

Junge Männer mit schulterlangem Haar und wirren Bärten, junge Frauen in extrem kurzen Röcken – wir tranken Tee, wechselten Blicke und redeten uns die Köpfe heiß. Der starke Beppo, rotbärtig, rothaarig, von dem erzählt wurde, er habe bei einer Institutsbesetzung den massiven, von keinem zu bewegenden Schreibtisch des Direktors kurzerhand auf den Rücken genommen und zum Fenster hinausgekippt; Michel, klein, drahtig, unrasiert und mit leidenschaftlichem Blick, der gestand, er trüge bei Demonstrationen eine Fahrradkette bei sich und würde mit ihr, falls er sich wehren müsse, auch zuschlagen, so sehr hasse er sie, diese Spießer, diese Faschisten!

Vietnam, Paris, Prag. Unsere Erklärungsversuche folgten marxistischen Mustern und scheuten den doppelten Genitiv nicht: Die Studentenbewegung als Ausdruck der Proletarisierung der Intelligenz! – Sieh mal, höre ich mich sagen, als ich anfing zu arbeiten, gab es in meinem Betrieb unter fünfhundert Beschäftigten zwei Akademiker. Heute sind es zwei Dutzend, mindestens! Und warum? Die Technisch-Wisssenschaftliche-Revolution, klar! Die Produktivkräfte explodieren, verändern die Welt bis zur Unkenntlichkeit! – Und Prag? – Die Welt ist eine Einheit. Das Volk will wirkliche Demokratie. Die Betriebe gehören dem Volk. Stimmt. Aber wem gehört das Volk?

Fiebrige Debatten, zwei Tage lang, abends Erschöpfung und die Rekapitulation der witzigen Seite unserer Aktion. Für die Verteilung am Samstag hatten wir die Ladenwohnung eines Freundes in der Sophienstraße gewählt. Wir wollten so unauffällig wie möglich bleiben; die Kuriere, die den Laden durch die zur Straße gelegene Tür betreten hatten, baten wir, ihn durch den Eingang zum Hausflur wieder zu verlassen. Die müssen nicht alles mitkriegen, verstehst du? – Nicht nötig, meinte eine junge Frau. Sie sei, die Hausnummer suchend, mit ihrem Käfer langsam die schmale Straße hinabgefahren, worauf eine aus dem Fenster lehnende Bewohnerin gerufen habe, ob sie etwa Helme suche, und, als die junge Frau bejahte: Die kriegen Sie im Milchladen.

Damals, im April 68, der klare Gedanke, im Deutschland der Marktwirtschaft vielleicht doch leben zu können, wenn es dort Leute gab wie jene, die uns besuchten. Der Gedanke, wir könnten uns ebenso kraß mißverstanden haben, wie wir uns sympathisch fanden, kam uns nicht. Oder doch –? Einmal, ein wilder Haufe in einem heruntergekommenen VW-Bus, wieder Tee aus der riesigen Kanne, Diskussionen über die Lage hier und die Lage drüben, plötzlich waren wir bei den sogenannten zwischenmenschlichen Beziehungen unter den Bedingungen der entfremdeten Warenproduktion, jemand mit halblangem Haar und weichem Gesicht begann, über die Schwierigkeiten mit der Ehrlichkeit zu reden, ich sah ihm an, es war sein Problem, lief zum Bücherregal, rief: Frisch sagt dazu ..., kam aber nicht zu Ende, eine scharfe Stimme, die zu einem hageren

Mann mit kurzem, pechschwarzem Bart gehörte, unterbrach mich mit einem verweisenden: Lenin sagt dazu ..., und er holte weit aus und redete, ich stand, mit Frischs erstem Tagebuch in der Hand, kam nicht dazu, die Stelle, die ich so wichtig fand, zu zitieren, aller Augen waren auf ihn gerichtet, und bald darauf trennten wir uns. Erst später sah ich das Gesicht noch einmal, im Fernsehen, und wieder später fand ich beim Umräumen ein paar der Zettel, auf denen wir uns, pro forma und für den Fall, daß unsere Geldgeber auf Rechenschaft Wert legten, die Spende hatten quittieren lassen, und ich las in der Spalte, in der auch eine A. Proll unterschrieben hatte: 4 Helme, 4 Mäntel – H. Meins.

Am 1. Mai 1968 reihte sich unsere kleine Gruppe, ganz freiwillig und eine Vietcongfahne schwenkend, irgendwo zwischen zwei Betriebsgruppen ein und lief mit dem Gefühl vollkommener Befriedigung über den Marx-Engels-Platz. Wir hatten etwas getan, was uns nötig schien. Ohne den Segen von oben – und auch ohne den Gedanken daran, daß in diesem Land damals ohne diesen Segen nichts, aber auch gar nichts lief. Und daß er offenbar gegeben worden war. Als an jenem Sonntag, spät nachmittags, eine Gruppe ihr Kommen ankündigte, sagte ich übers Telefon, wir hätten nichts mehr, keine Helme, keine Mäntel, alles weg! – Abends, als eine andere Gruppe, die schon mittags bei uns gewesen, aber nicht sofort wieder zurückgegangen war, mit all dem Zeug über die Grenze wechseln wollte, zog der Zöllner die Stirn kraus und fragte, woher sie das hätten? Er wisse genau, die Sachen seien schon am Nachmittag weg gewesen.

(1993)

Das Gerücht

1

Montag, 28. 10. 1991 – Wenn ich mir einmal den Luxus leisten kann, will ich ohne Telefon leben. Haß auf diese Maschine, wenn sie mich mit bösen Nachrichten überfällt: Vor fünf, sechs Jahren, als die taz einen Nachruf wollte auf meinen Freund Fühmann und ich noch nicht wußte, daß er gestorben war. Oder damals, als Roland anrief, früh um fünf, ich solle um gotteswillen nicht aus dem Haus gehen, seit ein Uhr nachts marschierten die Truppen des Warschauer Pakts Richtung Prag.

Heute, genau zehn nach elf, ich habe auf die Uhr gesehen, das Telefon. Ich saß über einer Rede fürs französische Kulturzentrum, Thema: Marktwirtschaft und Literatur. Die Stimme am Telefon nervös, erregt: Jürgen S. Ich kenne ihn aus den Siebzigern, vom STERN damals; heute schreibt er für DIE WELT. Letzter Treff auf der Buchmesse im vorigen Jahr. Wiedersehen nach einer langen Zeit. Unser Ton freundlich, herzlich manchmal. Er hatte mein Buch »Fliegender Wechsel« rezensiert. Drei, vier Sätze darin, die einem Autor, was selten genug vorkommt, mehr über sich sagen, als er ohnehin weiß. Jetzt Unsicherheit in der Stimme, übertönt von einer gewisse Schärfe. Er wolle eine Stellungnahme. Eigentlich zwei. Wegen Helga Novak und meinetwegen. Letzteres überhörte ich. War schon verblüfft genug, Helgas wegen. Helga, mit der ich zwei Jahre zusammen gewesen war. Helga, die über jeden Zweifel erhaben schien.

Er sagte, sie habe gestanden, ein Spitzel gewesen zu sein. – Was, wie – gestanden? – Im SPIEGEL, heute. – Lese ich nicht mehr. Glaub ich auch nicht. – Aber sie hat dich beschuldigt! – Mich? Wessen beschuldigt? – Daß du auch ein Spitzel warst. – Das soll da drin stehen? – Nein. Sie hat es am Telefon gesagt. Zu Sarah. –

Im Kopf ein einziges Durcheinander. Nur noch fähig zu dementieren, scharf, glaube ich, und klar. Alles Quatsch, alles Tratsch! –

Hinuntergestürzt auf die Potsdamer Straße, beim Kurden gegenüber den SPIEGEL gekauft, wieder nach oben, Zigarette angesteckt, gelesen. Schmale Spalte, trotziger Ton, eine Art Selbstanzeige, tatsächlich.

Schock kaum überwunden, rief Jochen Schädlich an. Gleiche Behauptung, Helga hätte zu Sarah gesagt, ich hätte es ihr, Helga, gestanden. Bevor ich dementieren konnte, meinte Jochen in seiner bedächtigen Art, ich solle nicht vorschnell nein sagen, alle IM stritten den Verdacht erst einmal ab, mir solle es nicht so gehen wie einem Ibrahim Böhme, der unter der Last der Beweise nach und nach alles zugeben mußte.

Kalte Wut. Ich sagte, schreib dir diesen Satz auf, sieh ihn dir paar Stunde später an, und erzähle mir dann, wie einer darauf reagieren muß. Ich sagte: Warum hast du nicht einfach und klar gefragt: Warst du dabei?, dann hätte ich dir einfach und klar antworten können: Nein.

Das Ende des Telefonats unerfreulich. Dieses abwartende: Wir werden sehen ...

Gleich Tina angerufen und alles erzählt. Ihr Wutschrei! Sie sagte: Ruf Sarah an. Gleich. – Mein Zögern. Dieser Nebel des Geredes. Ich sagte: Ich schreibe ihr. – Gut, sagte sie, dann telefoniere ich mit ihr.

Noch während ich den Brief entwerfe, kommt ihr Rückruf: Sarah habe sich genervt gezeigt, man drehe ihr das Wort im Mund herum, es kotze sie alles an. Dann habe sie einfach aufgelegt ...

Ich wartete auf neue Anrufe, aber es kamen keine. Die Vorstellung, daß jetzt die Telefone heißlaufen. Jeder ruft einen an, mit dem er darüber reden will: Hast du schon gehört!?

In einem halben Tag weiß es die ganze Stadt. Sprüche im Kopf: Wo Rauch ist, ist auch Feuer. – Wer sich verteidigt, klagt sich an. – Wieder eine Situation, in der ich mich nur falsch verhalten kann.

Dienstag, 29. 10. 91 – Brief an Sarah per Eilboten abgeschickt. Inhalt: Daß sie Helgas Beschuldigung, wenn sie sie glaube, öffentlich machen solle, damit ich sie gerichtlich klären lassen könne. Wenn aber nicht, solle sie bei allen, denen sie davon erzählt habe, dementieren, sofort.

Danach zu Kurt und Irene. Eddy Endler war da und Brigitte, seine Frau. Eddy hat ein Satire geschrieben, in der er sich bezichtigt, Generalmajor der Stasi und Sascha Andersons bzw. der Prenzlauer-Berg-Szene Führungsoffizier gewesen zu sein. Er hält alles für den reinen Wahnsinn.

Wann begann er? Zur Buchmessezeit, Anfang Oktober, die ersten Gerüchte, daß ein nicht unbekannter, jetzt im Westen lebender Autor Kombattant der Stasi gewesen sei. Dann Biermanns Büchnerpreis-Rede. Der Name Anderson, der die Runde macht. Anderson dementiert. Heftige Spekulationen an jedem Biertisch. Ankündigung einer Serie im SPIEGEL, die Jürgen Fuchs schreiben und in der die Verflechtungen von Schriftstellern und Stasi bewiesen werden soll. Ein Fuchs-Interview in der WELT mit einer Zahlenangabe: dreihundertfünfzig bis vierhundert Leute als *Inoffizielle Mitarbeiter* allein im Berliner Kulturbereich. Dann im Fernsehen eine überraschende Konfrontation zwischen Biermann und Anderson. Ich kenne keinen, der nach der Sendung nicht überzeugt gewesen wäre, Biermann irrt sich.

Das politische Klima zur Zeit: wie vor einem schrecklichen Unwetter.

Etwas von dieser Spannung schon vor zwei Wochen gespürt, in Leipzig. Literaturtage mit ausgereisten bzw. ausgewiesenen Autoren. Die – ich sage mal: Daheimgebliebenen saßen im Auditorium und mußten sich den Vorwurf anhören, durch ihr Dableiben hätten sie den Zerfall des Systems aufgehalten.

Jochen Schädlich war da, Zwerenz, Erich Loest und Gert

Neumann, Ulrich Schacht auch, der in den Diskussionen versuchte, ein Begriffsschema für die jüngste deutsche Geschichte zu etablieren: Zweite Deutsche Diktatur für die DDR, Zweite Deutsche Demokratie für die BRD. Klaus Staeck widersprach ihm sanft.

Diktatur, Totalitarismus und Stasi waren die wohl meistgebrauchten Begriffe. Beim Thema Stasi die vergebliche Erinnerung daran, daß wir auch über sie gelacht haben. Ich weiß noch, ich habe damals vor Lesungen, die meist in kirchlichen Räumen stattfanden, nach dem Publikum die Herren von der Sicherheit begrüßt, die ja – fuhr ich fort – in letzter Zeit eine Menge guter, kritischer Literatur zu hören bekämen, und da ich Dialektiker sei, glaubte ich an den Umschlag von Quantität in Qualität und ... – Weiter brauchte ich nicht zu reden.

In Leipzig wollte keiner an diese lächerliche, banale Seite der Stasi erinnert werden.

Mittwoch, 30. 10. 91 – Hat es nur mit meiner lädierten Schulter zu tun, daß ich Gänge in die Stadt, wenn es geht, vermeide? Volle Gehsteige, verbissene Gesichter und Rempeleien: Das Tempo hat seit dem Mauerfall erheblich angezogen. Ich drücke mich meist an der Seite entlang, den Schutz der Häuserwände nutzend. Vor drei Monaten war ich bei meinen Bemühungen, wieder in den Osten zu ziehen, nach der Besichtigung einer Wohnung neben dem Becher-Club auf eine seit der Vereinigung stockfinstere Straße getreten und über ein aus dem Boden ragendes Stahlrohr gestolpert: Fraktur kurz unterhalb des Schultergelenks. Zwei Wochen Krankenhaus. Merkwürdig, daß die Katastrophen in dem Moment begannen, da ich mich auf den Osten zubewegte ...

Nach Leipzig, zu den Literaturtagen, war ich, wegen meines kaputten Armes, in Andersons Auto mitgefahren. Vom Thema nur einmal gesprochen. Ich erzählte ihm, daß Thomas B., als er im Westen war, Ende der Siebziger verbreitet habe, man solle im Umgang mit mir *vorsichtig* sein, was ja nicht anderes bedeutete als ein Stasi-Verdacht. Wie schwer es war, damit zu leben, als ich in den Westen kam. Das einzige, was mir half, war Verdrängung. Ich habe so konsequent verdrängt, daß ich nicht einmal mehr die Institution zur Kenntnis nehmen wollte. Sascha hörte schweigend zu.

Donnerstag, 31. 10. 91 – Um halb acht Jürgen S. im Café Strada getroffen. Einer seiner ersten Sätze: Es sei ernst für mich! –

Ich bestellte mir ein Glas Wein und hörte zu. Er habe, sagte er, aus einer Berliner Quelle, die keine Verbindung zu Helga hätte, eine ähnliche Vermutung über mich gehört. Die Quelle wollte er nicht nennen.

Wir sprachen zwei Stunden. Mein Gefühl danach ambivalent. Einerseits spürte ich bei ihm so etwas wie Sympathie – besser: Mitgefühl für meine Situation. Andererseits war da etwas Lauerndes, jeden Widerspruch Registrierendes ...

Gleich danach meinen Rechtsanwalt Christian Ströbele angerufen, um schnelle Einsicht in die Akten zu bekommen. Er schlägt vor, daß Jürgen S. eine Erklärung schreibt, er sei im Laufe von Recherchen auf die Anwürfe aufmerksam geworden, so daß sich, laut Ströbele, ein Beweisnotstand für mich ergebe. Erst dann könne die Behörde tätig werden.

Um Mitternacht zeigt mir Chris, mein Wohngenosse, A. Paul Webers Grafik »Das Gerücht«: Ein schlangenhaftes, durch düstere Hochhausschluchten rasendes Monstrum mit spitzen Ohren und breiten Maul, das durch Tausende, lustvoll aus Fenstern stürzende, mit dem Schlangenleib sich vereinende winzige Monster mit spitzen Ohren und breiten Mäulern ins unendlich Scheinende wächst.

Gerüchte haben mich selten aufgeregt. Der Ruf, ich sei im Westen zum Säufer geworden, erreichte mich, als ich seit einem Jahr abends nur Früchtetee trank. Grinsen würde ich, sagte man mir nach, ich hätte beim Empfang des Bundespräsidenten silberne Löffel gestohlen. Und die Behauptung des Schöneberger Schriftstellers Bernd C., der mit eigenen Augen gesehen haben wollte, wie ich im Verein mit sechs Vermummten während der Straßenschlachten am 22. 9. 81 ein Polizeiauto kurz und klein geschlagen habe, ließ ich, nach einem wirkungslosen Dementi, schließlich unwidersprochen. Zwanzig Jahre lang war es mir – außer im Politischen – gleichgültig, wer über mich was erzählte. Warum lehne ich mich nicht auch jetzt zurück, warte auf die Öffnung der Akten und zeige den Verleumdern dann eine lange Nase. Weil immer etwas hängenbleibt? Weil ich zwar weiß, was in den Akten stehen darf, aber nicht, was tatsächlich darin steht? Weil ich jetzt beten muß, daß die Stasi ordentlich gearbeitet hat?

Freitag, 1. 11. 91 – Noch keine Antwort von Sarah. Auch Jürgen S. zeigt sich reserviert. Er habe doch gar nichts in der Hand; deshalb habe er auch nichts darüber geschrieben. – Ich sagte, im Fall einer Veröffentlichung brauchte ich keine Erklärung. Eben weil alles unterhalb der Öffentlichkeit laufe, brauchte ich sie. Er riskiere doch nichts dabei. – Sein Zögern. Ich sagte, er solle es sich überlegen. – Gut, sagte er, ich rufe dann an.

Konzentrationsschwächen. Immer wieder fällt mich die Sache an. Beherrscht meine Gedanken. Der Begriff *Stasi* – ein Instrument mit Totschlagswirkung. Wen er trifft, ist vernichtet. Jedenfalls zur Zeit.

Bittere Erfahrung, mit welcher Sicherheit Menschen, deren Sympathie mir wichtig war, meine empfindlichste Stelle getroffen haben: den politischen Ruf. Daß sie mir tatsächlich zutrauen, ich hätte die Fähigkeit, auf Dauer mit einer Maske am Tisch zu sitzen!

Die kleine Rede fürs französische Kulturzentrum nur unter Mühen geschafft. Der Vorspann zum Stasiakten-Gesetz fiel mir noch am leichtesten. Christoph Hein, den ich im Haus Unter den Linden traf, war überzeugt, es wäre bei früherer Öffnung der Akten zu Mord und Totschlag gekommen, und meine Forderung nach schnellem und ungehindertem Zugang stünde in keinem Zusammenhang mit der Affaire Biermann/Anderson. – Doch, sage ich, es hätte die Inszenierung nicht gegeben.

Starke Hemmung vor der Veranstaltung. Ich glaubte, nun hätten alle von dem Gerücht gehört, und ich würde es irgendwie zu spüren bekommen. Aber alles war so normal, wie es zu diesen unnormalen Zeiten sein konnte. Hier war *Osten*. Noch immer ein geschlossener Kreis wie der des Westens.

Meine Aggressionen gewachsen. Heute nachmittag, bei meinem Spaziergang mit Benjamin, nur Haß auf alles, auf Helga, auf Sarah, auf die Enthüllungs-Presse. Unflätige Schimpfwörter im Kopf.

Was ist nur passiert? Warum fallen die einstigen Freunde wie die Wölfe übereinander her? Was sind das für alte Rechnungen, die da beglichen werden? Geht es um Marktanteile? Um die besten Plätze beim Start in das neue Deutschland?

Jetzt, ein Uhr nachts, in der Kneipe Strada, wo ich allein an einem Tisch sitze, nach dem dritten Bier Gleichgültigkeit.

9. November – Heute kalt und *wechselnd bewölkt*, nach tagelangem Regen. Nicht nur deshalb kaum aus dem Haus gegangen. Aktionsradius auf 500 m begrenzt. Mal Einkaufen, mal zur Bank, täglich zur Heilgymnastik. Scheu vor der Öffentlichkeit. Könnte ich es mir leisten, ich würde für drei Monate verreisen.

Heute in den Osten gewechselt. Gang von der U-Bahn

Dimitroff, die bald Eberswalder heißen soll, in meine alte Gegend, in die Duncker. Diese dissonante Mischung aus graubraunem Zerfall und neuen, grellweiß getünchten Ladenfronten. Ein surreales Nebeneinander von Versunkenem und Entstehendem.

Sprühschriften überall, wie Anfang der Achtziger in Kreuzberg.

Sitze im Café Kiryl, im Haus des Galrev-Verlages. Andersons Kreation. Ich frage nach ihm. Er sei nicht da, sagt die junge Frau hinterm Tresen. Merkwürdige Anziehung, die ich spüre. Wie früher, wenn ich in die Chausseestraße, zu Biermann, gegangen bin. Ein Akt menschlichen Anstandes, seine Ausgrenzung zu durchbrechen.

Grüß ihn von mir, sage ich.

Der 9. November vor zwei Jahren. Das Gefühl der Erregung, der Freiheit in den Wochen davor. Als ich, aus dem Osten kommend, durch die Mauer fuhr, eine halbe Stunde vor Grenzöffnung, die dumpfe Ahnung vom Ende der DDR. Nicht, daß ich über den Zusammenbruch der Parteiherrschaft eine Träne vergossen hätte – wohl aber über den Verlust der Vorstellung, was hätte entstehen können in diesem Vakuum der Macht. Beim Honeckersturz Erleichterung. Der erste Gedanke an die Stasi, an ihre Auflösung, an die Akten, an das Ende aller Verdächtigungen, aller Intrigen.

Ja, ich fühlte mich erleichtert in jener Zeit, als wenn etwas abgefallen wäre, was mich zehn Jahre lang gehemmt hatte. Es war nicht so sehr das Wissen um die Tatsache, daß jedes Wort, das ich im Westen äußerte, im Osten registriert und bewertet werden könnte, als diese Furcht vor den Konsequenzen jenes Satzes, den Franz Fühmann, kurz nach meinem Weggang, bei einem unserer Spaziergänge um den Savignyplatz geäußert hatte: Da bin ich gespannt, hatte er gesagt, wie du zerrieben werden wirst zwischen dem Literaturbetrieb des Westens und den politischen Ansprüchen

41

des Ostens. – Ich habe mir diesen Satz genau gemerkt, er ging mir durch und durch, nicht nur, weil ich zum ersten Mal eine kühle, fast sezierende Tonart bei Franz registrierte, sondern weil ihm das Ergebnis so sicher schien, weil er mir keine Chance einräumte, dieser Polarisation zu entgehen. Dieser dummen Automatik, deren Gesetze ich schon früher erfuhr, schon vor der Mauer: hüben galt ich als Kosmopolit, als westlich beeinflußt, drüben war ich der Rote. Und später, wenn ich mal wieder einen Westpaß ergattert hatte, war ich manches Mal so voller Wut, daß ich mir vornahm, kein Blatt mehr vor den Mund zu nehmen, aber kaum war ich den westlichen Klischees ausgesetzt, begann ich wieder zu erklären, zu verteidigen, zu differenzieren oder sogar pauschal und grob Partei zu nehmen. Im Osten dann der gleiche Vorgang, nur mit umgekehrtem Vorzeichen. Als paßten mir die Jacken, die man sich anziehen konnte, in beiden Läden nicht.

14. 11. 91 – Absurde Parallelität der Situation: Wie damals, zu DDR-Zeiten, wenn ich, beispielsweise, einen Paß beantragte, stehe ich einem Apparat gegenüber, der ein Stück meines Lebens sichtet, nach seinen mir unbekannten Kriterien wertet und mir dann das Ergebnis mitteilt. Die Fristen sind übrigens identisch: Drei Monate, sagt Ströbele, dauert meine Überprüfung.

Es gibt auch, hörte ich, ein neues Wort: *gegauckt*. – Sind Sie schon gegauckt, fragt ein Abgeordneter einen anderen.

Starke Erinnerung an die Pubertät: Du kommst hinein in einen Raum, Schultern gespannt, Bauch rein, Brust raus, siehst Köpfe sich bewegen, hörst zwischen den Stimmen ein Lachen und noch eines, und du denkst, alle sehen nur dich an, lachen einzig und allein über dich!

Die These Gombrowiczs: daß wir nach Identität, nach Verwirklichung streben sollten, selbstverständlich, daß wir sie vervollkommnen, aber nie ganz erreichen können, weil wir nicht nur *aus uns* sind, sondern gemacht werden, erschaffen werden durch andere, durch die Blicke, die Sätze, die Bilder, die andere von uns entstehen lassen. Bei Kurt Bartsch, neulich, ganz kurz der Eindruck, er wollte sagen: Was machst du dir einen Kopf, du weißt am besten über dich Bescheid. Laß die anderen! – Und Elke Erb mußte ich tatsächlich haarklein erklären, weshalb dieses Gerücht mich trifft.

25. 11. 91 – Träume, fast jede Nacht. Einmal hörte ich beim Aufwachen ganz klar Andersons Stimme, die in weichem, sächsisch gefärbtem Tonfall etwas erklärte. Einmal waren im Traum alle Beteiligten versammelt, Sarah, Biermann, Sascha und Tina; die Struktur zerfällt mir beim Erinnern, aber ich habe schrille Töne im Ohr und eine Szene: daß ich erkläre, ich erwarte die nächste Zeitung mit Furcht. Tinas Erstaunen: Weshalb mit Furcht? – Ich sage: daß irgendein aus dem Zusammenhang gerissenes Detail so nebenher die Verleumdung bestärken und jedes Dementi folgenlos bleiben könnte. Verstehst du, sagte ich, ich will erklären, wie es wirklich war, aber es interessiert keinen, jeder hört nur, was er hören will, jeder versteht nur, was er verstehen will!

Ein anderes Mal träumte ich, die Behörde habe sich gemeldet und stehe kurz vor der Auffindung meiner Akten. Den ganzen Morgen über gute Laune ...

Sonst kaum ein Tag, an dem sich nicht irgendwann die unangenehmsten Gefühle einstellten. Sie peinigen mich, und ich komme einfach nicht hinter ihre ganz konkrete Ursache. Als hätte ich irgend etwas vergessen, etwas verdrängt. Diese Unlust auch, meine fragmentarische Geschichte mit der Stasi aufzuschreiben. Etwas wehrt sich in mir. Will ich mich nicht zwingen lassen?

Noch immer keine Post von Sarah; auch Jürgen S. hat sich nicht mehr gemeldet.

Abends, 23 Uhr – Immer wieder fällt mir ein Bild aus der Kindheit ein. Schulzeit, vierte oder fünfte Klasse, Manti

Sperr, der Klassenstärkste, stürzt, ein paar übelgesichtige Jungen im Gefolge, auf mich zu und schreit, ich hätte einem Lehrer irgend etwas verraten. Ich schüttele den Kopf und sage erschrocken: Nein, ich weiß davon gar nichts!, aber Manti beharrt darauf, und die anderen schließen ihren Kreis enger um mich und brüllen auf mich ein, ich bin in Not, da sehe ich einen Schüler aus der Tür zum Hof treten, einen, den ich nie leiden mochte, den keiner leiden mochte, und ich sagte: Ich glaube, Lieske war es! und deutete mit dem Kopf in seine Richtung, und sie zögerten einen Augenblick, bevor sie davonrannten und sich auf Lieske stürzten ...

2

3. 12. 91 – Sonne, kalt. Mein linker Arm dreieinhalb Monate nach dem Unfall noch immer zur Hälfte unbeweglich. Jede Drehbewegung unmöglich.

Seit dem Sturz nicht Auto gefahren. Noch immer liegt mein Aktionsradius bei 500 Metern, es sei denn, ich fahre Taxi oder fliege.

14. 12. 91 – Seit fast zwei Wochen keine Eintragung. Ich will die Geschichte meiner Stasikontakte erzählen, aber kaum sitze ich am Schreibtisch, überfällt mich Unlust und Trotz. Mit Gottke, Günter Gottke, dem Kaffeeschieber, müßte ich anfangen, dem Mann, der ein Auto fuhr, das zwei auswechselbare Nummernschilder hatte – oder schon früher, in meinem Lehrbetrieb, die Männer in den langen Ledermänteln, bei deren Erscheinen wir in halblautes Reden übergingen? – Ich weiß nicht. Verschiebe alles auf später.

Seit jenem Montag registriere ich, daß ich selbst zu Leuten, die gar nichts mit der Sache zu tun haben, auf Distanz gehe. Eine Art selbstgewählte Quarantäne ... Gegenläufige Gefühle allerdings, wenn wieder irgendeine Enthüllung droht. Neulich, ich las von einer Veranstaltung wegen des

Rektors der Humboldt-Uni, Fink, der laut Gauck-Behörde Inoffizieller Mitarbeiter der Stasi gewesen sein soll – Heym war da, Christa Wolf, Christoph Hein –, neulich das klare Gefühl, ich hätte dabei sein müssen, das noch verstärkt wurde durch die höhnischen Kommentare im SPIEGEL, den ich, um mich nicht noch einmal so überraschen zu lassen, wieder regelmäßig kaufe. Verwunderung des Artikelschreibers darüber, daß sich so viele, vormals als systemkritisch geltende Schriftsteller mit dem Rektor, der alles abstreitet, solidarisieren und plötzlich eine DDR-Identität beschwören, die es – wörtlich – nie gegeben hat. Ich schlug vor Wut auf den Tisch, Galle stieg mir hoch, wie früher oft, wenn ich die verächtlichen, jede Realität mißachtenden Kommentare im Neuen Deutschland las. Eine affektive, unmotivierte Parteinahme meinerseits – was habe ich mit der Humboldt-Uni zu tun, was mit dem Rektor Fink? ... Mag sein, es ist ein Reflex auf die Zerstörung all dessen, was sich mit den drei Buchstaben DDR verbindet.

Die Umwertung der DDR: Erste Anzeichen schon im Februar 90, beim Ost-West-Autorentreffen am Wannsee. Die Mehrzahl meiner westlichen Kollegen schien nichts mehr zu akzeptieren, was eben noch als gesicherte Erkenntnis über das Ländchen galt. Christoph Buch las einen Offenen Brief, in dem er Stefan Heym tatsächlich einen Passus aus einem 1947 (oder 1957?) über die Sowjetunion geschriebenen Artikel vorwarf – als hätte Heym seine Irrtümer nicht schon korrigiert gehabt, als Christoph nach 68 noch in seiner linksradikalen Phase war. Geht es um das, was hier, im Westen, Meinungsführerschaft genannt wird, oder ist alles nur eine spätpubertäre Revolte? Gabi Kachold, in ihrer aufgeregten Art: Ja, jetzt werden Denkmäler gestürzt: Lenin, Christa Wolf, Heym ... – Ich konnte mir das Lachen nicht verbeißen.

Alle kritischen Einwürfe gegen den Versuch, die DDR mit einem verbal-artistischen Akt zum Verschwinden zu bringen, stießen auf Unverständnis – ein hoffnungsloser Minderheitenstandpunkt ...

Drei Monate später ein ähnliches Erlebnis in der taz. Seit dem Frühling gab es eine Ostausgabe der Zeitung, deren unorthodoxer, respektloser Ton auf starke Resonanz, besonders unter dem wachen Teil der jungen Leute, stieß. Fast nur Ostthemen in der Zeitung, und wenn man Artikel aus der Westausgabe übernahm, wurden sie *geostet*, das hieß: der anderen, östlichen deutschen Sprache angeglichen. Im Juni schon kam es zum Streit zwischen West- und Ostredaktion wegen unterschiedlicher Standpunkte zur Veröffentlichung einer Liste konspirativer Stasi-Wohnungen. Es gab eine große Redaktionsversammlung, in der ich für die Autonomie der Ostredaktion plädierte. Die kühl vorgetragene Antwort einer Westredakteurin, die bald zur Berliner Zeitung und dann zum SPIEGEL ging: In ein paar Monaten würden dort drüben fünf neue Bundesländer mit der Einwohnerzahl von Nordrhein-Westfalen existieren, und niemand würde auf die Idee kommen, in Nordrhein-Westfalen eine autonome Redaktion einzurichten.

Und kürzlich erst, auf der Tagung bei den Franzosen, in der es auch um die Gefährdung der ostdeutschen Kultur ging, fragte ein Pariser Künstler erstaunt und mit allen Zeichen des Zweifels: Wenn etwas als erhaltenswert beschrieben würde, hieße es ja, daß in einem totalitären Staat schöpferische Strukturen möglich gewesen wären?

17. Dezember 91 – Zu Nootebooms Preisverleihung bin ich nicht gegangen. Ich hatte mich schon umgezogen, suchte noch nach meinen Zigaretten, plötzlich Schweißausbruch bei der Vorstellung, ich könnte zwischen all den Leuten ganz allein stehen, unfähig, auf jemanden zuzugehen.

Kontakte nach draußen meist übers Telefon. Auch Lutz Rathenow wußte von dem Gerücht, man hätte bei ihm nachgefragt. – Wer? – Sein Zögern. Dann: Aus FAZ-Kreisen ... – Auch im Osten, in der Wochenpost, ist es angekommen, hat mir Micha erzählt.

Endlich C. in Frankfurt erreicht. Er hatte vor paar Wochen Interesse an einem Manuskript gezeigt. Ich schickte es ihm, wartete auf Antwort. Jetzt sein Verweis auf die anstehende Programmreform, er wisse nicht, ob da Platz bleibe. – Habe ich mir die Kühle in seiner Stimme eingebildet?

Natascha, die mich zu einer Lesung von Johannes einlud, eher deprimiert über die Vorgänge der letzten Monate. Es bildeten sich zur Zeit ganz neue Gruppen, und wenn man mit der einen Kontakt hielte, sei die andere beleidigt. Schwierig, sich zu verhalten. Die Einsamkeit werde zunehmen.

Tröstlicher das Gespräch mit Hans-Georg Soldat. Auch er hatte von dem Gerücht gehört. Wir redeten lange über das Thema, und am nächsten Tag rief er zurück, er wolle mir sagen, daß es die, mit denen er darüber gesprochen habe, für unwahrscheinlich hielten. – Er sagte nicht, mit wem er gesprochen hatte, aber einen Tag lang war ich ruhiger ...

Wenn ich mich richtig erinnere, hatte ich dreimal so etwas wie Kontakt mit den Herren, die in den frühen Fünzigern noch in langen Ledermänteln durch meinen Lehrbetrieb liefen, wenn eine Maschine ausgefallen oder ein größerer Posten Material verschwunden war. Seitenblicke, Gemunkel auf dem Männerklo, Sabotageverdacht.

53 dann, nach dem Aufstand, die Auflösung des Ministeriums, für ein, höchstens zwei Jahre. Damals schon die Bekanntschaft mit Gottke, Günter; Salonganove in Ledermantel und mit der Austrahlung eines Siegers. Er zog in die Wohnung meiner verstorbenen Großmutter und verehrte meine Schwester, die im Haus gegenüber wohnte. Manchmal lud er uns in die Kneipe ein, meine Kumpel und mich. Er war der erste, der in unserer Straße ein Auto

besaß, *Opel Olympia*, Baujahr Ende der Dreißiger. Noch verwunderlicher war, daß es zwei Nummernschilder hatte, eines mit dem Zeichen KB für *Kreis Berlin*, das im Westen, eines mit dem Zeichen GB für *Groß-Berlin*, das im Osten gültig war. Sein überlegenes Grinsen, als wir ihn darauf ansprachen: Beziehungen! – Keine zwei Monate später wußte ich, woher er das viele Geld in seinen Taschen und die doppelte Autonummer hatte. Er nahm mich mit nach Hohenschönhausen, Berkenbrücker Steig, ein Gewerbegebiet aus der Gründerzeit, flache backsteinrote Gebäude, ein Eisentor, das auf Hupzeichen geöffnet wurde, ein Hof, geschäftiges Treiben, Läden, nebeneinander, ein kleiner Mann mit eigentümlich singendem Tonfall und lebhafter Gestik, der hinter einer Art Ladentisch in der kleinen Bude stand, vor Kaffeesäcken, Stapeln amerikanischer Zigaretten und Kisten französischen Cognacs. Ein Schild an der Wand: Bezahlung nur gegen Westgeld!

Ich nahm das wahr wie jemand, der in einen geheimen Kreis eingeführt wird, Kribbeln auf der Haut, verschwörerisches Gefühl, ich half beim Einladen in den Opel Olympia, es muß ein Sonnentag im Frühjahr 53 gewesen sein, ein schwarzlackierter Mercedes fuhr in den Hof, ein schlanker Mann entstieg ihm, dunkle Hose, weißes Hemd mit Schlips und weltläufige Bewegungen, der Chef, raunte Günter mir zu, Major Liebermann. – Er sagte nicht, von welcher Institution, aber es war mir klar, welche er meinte, und wir fuhren wieder hinaus, durchquerten die Stadt, hielten das erste Mal in den Hackeschen Höfen, das zweite Mal irgendwo in der Großen Hamburger, Günter lud aus, allein diesmal, verschwand in einem Eingang, tauchte wieder auf mit zufriedenem Gesicht, stieg ein und sortierte die Geldbündel in seiner Tasche, Ost und West, bevor er den Motor anließ.

Zwei, drei Jahre ging ich jeden Monat mindestens einmal zum Berkenbrücker Steig. Ich hatte mir ein kleines Netz kaffeetrinkender und rauchender Bekannter aufgebaut, meist Kollegen aus meinem Lehrbetrieb, mein Profit war gering, an einer Stange verdiente ich gerade mal eine Schachtel, besserte so mein Taschengeld auf, das in der Woche fünf, später zehn Mark betrug, zu wenig für einen Halbwüchsigen, der mit vierzehn angefangen hatte zu rauchen und Samstag, Sonntag mit den anderen ins Café Nord gehen wollte oder alltags zu Schweppe in der Dimitroff, früher Danziger, wo drei französische Billards standen.

Zwei, drei Jahre war ich ein Kleinstschieber, der nun wußte, daß der Hof im Berkenbrücker Steig nicht das einzige Warenlager im Ostteil der Stadt war; daß das Hauptlager in der Schlegelstraße in Mitte lag; daß die Händler meist DPs waren, *displaced persons*, staatenlose Juden aus Galizien, die in den Pausen auf dem Hof saßen, jiddisch sprachen und ein Kartenspiel namens Roter König spielten; daß die zollfrei eingekaufte Ware zum größten Teil illegal in den Westsektor geschmuggelt wurde, unter inoffizieller Regie des neuen sozialistischen Staates, der seine chronische Devisenknappheit auf diese Weise ausgleichen wollte – merkwürdiger Widerspruch zwischen dem moralischen Anspruch, mit dem der Besitz von Westgeld, der Spaltermark, bei Strafe verboten wurde, und der Realität auf diesem Hof in Hohenschönhausen.

Ich sprach ihn an, nach dem 17. Juni, auf einer der Betriebsversammlungen mit der Kreisleitung der SED, die mit den Arbeitern und Angestellten des VEB Isokond die Probleme des Neuen Kurses diskutieren wollte. Ich stand auf, meldete mich zur Diskussion, ich war Lehrling im dritten Jahr, alle Blicke ruhten auf mir, im Hals hatte ich einen Kloß, überwand mich aber und sprach den Tatbestand dieses illegalen Handels an, der Funktionär der Kreisleitung antwortete nicht sogleich, es war totenstill, dann schüttelte er energisch den Kopf, das stimme nicht, so etwas gebe es nicht in unserem Staat! – Ich wurde rot, rief in den Saal, daß ich es mit eigenen Augen gesehen hätte, ich könne ihm die Orte zeigen, aber er fiel mir ins Wort, das sei ausgemachter

Blödsinn, Feindpropaganda, auf die ich hereingefallen sei, und man wolle jetzt zu den wirklichen Problemen des Betriebes kommen, die Zeit sei kostbar, und wäre da vielleicht eine Wortmeldung? – Drei, vier Hände von den Leuten aus der Parteigruppe fuhren in die Höhe, das Thema war schnell gewechselt, ich ging langsam zu meinem Platz, noch immer rot, als wäre ich der Lüge überführt, aber Max aus der Lackkammer sagte in seiner lässigen Art: Laß mal, Kleener, und ich setzte mich wieder.

56, nein: 57 wurden die Lager plötzlich geschlossen. Die Gründe blieben im dunkeln, Günter Gottke raunte irgend etwas von den Alliierten, die Krach gemacht hätten, na, wegen Viermächtestatus. Er fuhr jetzt Taxi, hatte nicht mehr so viel Geld, aber immer noch genug, uns eine oder zwei Runden zu spendieren. Ich hatte ausgelernt, fuhr viermal in der Woche, neben meiner Arbeit, nach Westberlin in die Beuth-Schule, um mich vom Laboranten zum Techniker zu bilden. Am Wochenende war ich auf dem Tanzboden, alltags in der Kneipe; einmal, es war in der Blauen Donau, Duncker Ecke Dimitroff, ein lärmerfüllter Nachmittag kurz vor dem Gehaltstag, ich hatte nur noch paar Pfennige in der Tasche und schon so viel geborgt, daß die Summe mein Gehalt beinahe erreichte, ließ frozzelnde Sprüche über mich ergehen, mußte mal mehr ranklotzen, Junge! oder ähnliches, ich sagte: Mehr als arbeiten kannste nich!, und verwies auf die niedrigen Anfangslöhne, und als wir, Günter und ich, für einen Moment allein waren, lehnte er sich über den Tisch und sagte, ich hätte doch Möglichkeiten, etwas dazuzuverdienen, mit etwas Geschick. – Wie, fragte ich, was für Möglichkeiten? – Na, sagte er, du hast doch Westverbindungen, deine Schule, brauchst nur die Augen bißchen offenzuhalten.

Ich verstand nicht sofort oder wollte nicht verstehen, muß mich aber interessiert genug gezeigt haben, denn er nannte mir einen Betrag, der mein Gehalt als Laborant fast erreichte, und fügte hinzu: Ein Drittel in West!- Ich hob die

Schultern vor Verwirrung, und er war schon ein wenig ungeduldig, als er sagte: Ein paar Namen, nichts weiter, die Lehrkräfte, woher kommen sie, wo wohnen sie, wie sind sie politisch – ist doch leicht verdientes Geld oder?

Mir wurde heiß, eine Welle, die vom Hals in den Kopf stieg, die anderen kamen vom Klosett oder von der Theke zurück, Günter sagte: Wir reden später, ja –?, ich nickte zum Zeichen des Einverständnisses, und Günter lehnte sich zurück, bestellte eine neue Runde, und ich glaube, den Rest der Zeit, die wir zusammensaßen, war ich schweigsamer als sonst.

Nach Hause ging ich mit einem unangenehmen Druck auf der Magengegend, und eine schwer erträgliche Spannung fiel mich schon an, wenn ich aufwachte. Andererseits diese Aussicht auf den Sprung in eine andere soziale Schicht, raus aus der Dauerpleite, dem ewigen Borgen – ich will nicht sagen, daß sie mich nicht beschäftigte. Dennoch mied ich in dieser Zeit den Tanzboden, die Kneipe, die Gruppe. Drei, vier Wochen später konnte ich Günter Gottke nicht mehr ausweichen. Er kam mir auf der Straße entgegen, hatte einen seiner Freunde bei sich, und ich glaubte, ich müsse ihm jetzt, wenn auch nur indirekt, meine Entscheidung mitteilen, sagte: Übrigens, die Sache neulich ... – Ich kam nicht zu Ende. Was?! Was für eine Sache!, ich sagte: Na, mit der Schule ... hab ich mir überlegt ... nee, will ich nicht!, aber er schüttelte den Kopf vor lauter Unverständnis, was das solle, er wisse gar nicht, was ich meinte, und ich schwieg, er winkte ab, redete von etwas anderem und verabschiedete sich schnell, er hätts eilig, und wir kamen nie wieder auf dieses Thema zurück.

Ein paar Jahre später hörte ich von einem Taxifahrer, daß er den Gashahn aufgedreht hätte, zusammen mit einer Frau, ohne Abschiedsbrief, in der Dunckerstraße 84, zweiter Hof, dritter Stock links, in der Wohnung meiner Großmutter Helene Pieper.

3

Wann immer ich mit den Leuten aus dem Westen über den Osten rede, kommt irgendwann der Punkt, an dem sie mir ihr völliges Unverständnis ausdrücken. Vieles, sagen die meisten, könnten sie sich vorstellen, sie wären ja auch drüben gewesen, hätten Verwandte oder Freunde da gehabt – nur das mit der Stasi, nein, das ginge nicht hinein in ihren Kopf, das überstiege ihr Vorstellungsvermögen.

Zugegeben, ich habe lange nach einem Vergleich gesucht, der es meinem Gegenüber erlaubt hätte, sich in unsere Lage hineinzuversetzen. Ich sagte, stellen Sie sich den Klatsch, die Intrigen eines mittelgroßen Betriebes vor, die von Leuten mit der Mentalität von Kriminalromanlesern gesammelt und in einem Archiv mit dem Vollständigkeitsanspruch des SPIEGEL registriert werden – dann haben Sie die Stasi. Jedenfalls ungefähr ...

Unser Verhältnis zur Stasi – wir haben immer eine Grenze gezogen. Kein Problem, mit einem FDJ-Sekretär zu reden oder einem Funktionär aus der Abteilung Kultur der Bezirksleitung. Bei der Stasi hörte es auf. Auch quasi-öffentlich, das heißt: in Gesprächen nach Lesungen oder an Biertischen. Immer schwang, wenn wir von ihr sprachen, eine Tonart von – nein, nicht Angst! – Verachtung mit. Und wir wußten, daß sie kein Staat im Staate war. Daß sie nicht hemmungslos walten konnte. Noch aus den sechziger Jahren – ich war ein junger Reporter bei der NBI – kann ich mich an den Satz eines Redakteurs erinnern, der in der Kantine lauthals verkündete, das ZK habe den Herren von der Sicherheit deutlich gemacht, sie sollten sich um die Sachen kümmern, die sie angingen. Vorausgegangen war ein Gerücht, das MfS interessiere sich für die Leserpost der Redaktion. Zum Ausgleich wollte es der Redaktion Material zur Verfügung stellen, das einer Illustrierten im allgemeinen nicht zugänglich war. Ich weiß noch die kühle

Ablehnung, auf die das lancierte Angebot bei der Mehrzahl der Redakteure stieß. Die Partei hatte das Projekt NBI, das Projekt *Sozialistisches Nachrichtenmagazin* unterstützt, und die Partei war es, die die Unterstützung 1965, nach dem 11. Plenum, entzog. Noch Anfang Dezember hatte mir die Redaktion einen großzügigen Reportage-Vertrag angeboten. Einen Monat später wurde ich als einer von vieren achtkantig gefeuert. Die Nachricht, die NBI solle endlich personelle Konsequenzen aus der Kritik des Zentralkomitees ziehen, kam aus dem großen Haus am Marx-Engels-Platz. Von der Staatssicherheit war damals nicht die Rede.

Allerdings – nur kurze Zeit danach, ich war gerade von einer Neuritis genesen, die mich nach meinem Rausschmiß für zwei, drei Wochen bewegungslos aufs Sofa geworfen hatte und mir das erste Mal in meinem Leben den Zusammenhang zwischen Körper und Psyche klargemacht hatte – kurze Zeit danach standen zwei Männer vor meiner Tür, hielten mir den schmalen, brandroten Klappausweis des Ministeriums für Staatssicherheit unter die Nase und äußerten in höflichem, aber bestimmtem Ton den Wunsch, mit mir zu sprechen. Ich ließ sie hinein.

Dieses Gespräch damals, im frühen Frühjahr 66, oder war es am Ende des Winters? Es konnte nicht länger als anderthalb, zwei Stunden gedauert haben, aber ich brauchte drei Jahre, um mit seinem Ergebnis – besser: seinem Verlauf fertig zu werden.

Zwei Männer waren es, der eine, jüngere, kaum älter als ich. Der andere entsprach dem Klischee eines Bullen so hingebungsvoll eindeutig, daß ich mich scheue, sein Gesicht als grob, seinen Körper als massig, seine Miene als finster zu bezeichnen. Er schwieg die meiste Zeit, ließ dem Jüngeren, Konzilianteren das Wort, aber wenn er zu reden begann, dann mit scharfen, beißenden Einwürfen, unter denen ich mich unwillkürlich duckte, als müßte ich einer

wilden, auf mein Knockout gerichteten Schlagserie ausweichen, und wenn ich, um im Bild zu bleiben, in Doppel-
deckung ging, befreite mich der Jüngere mit einem tren-
nenden Wort, einer Frage.

Kurz, es ging – erstens – darum, daß ich eine geheime
Kriminalstatistik, die verschwunden sei, als letzter in der
Hand gehabt haben solle, und – zweitens – darum, daß ich
als eine Person infrage käme, zu der westliche Geheimdienste alsbald Kontakt aufnehmen könnten.

Ich sagte, ich hätte tatsächlich für eine Reportage über
Bernau statistisches Material in der Hand gehabt, aber ich
könne versichern, daß es den Schreibtisch der Abteilung
mit meinem Zutun nie verlassen habe.

Kühle, abwägende Blicke.

Was den zweiten Punkt beträfe, wisse ich nicht, welches
Interesse ein westlicher Geheimdienst an meiner Person
haben könne.

Oh, sagte der Jüngere, gerade an Personen, die gewisse –
sagen wir: Schwierigkeiten mit unseren Institutionen hatten, besteht großes Interesse.

Ich glaube, ich habe die Schultern gehoben.

Denen ginge es um noch so kleine Informationen, sagte
der Jüngere nachsichtig. Über die Presse, zum Beispiel. Da
wissen Sie doch einiges oder –?

Ich sagte, daß ich weder die Neigung noch die Absicht
hätte, einem Geheimdienst Informationen gleich welcher
Art zu geben.

So! sagte der Ältere scharf, aber der Jüngere meinte, er
hätte im Grunde nichts anderes erwartet von mir, und ob
ich wohl im Fall des Falles, also wenn es zu einer Kontaktaufnahme seitens irgendeiner Person zu mir käme, ob ich
dann – er machte eine kurze, bedeutungsschwere Pause –
bereit wäre, sie, also die Genossen von der Staatssicherheit,
zu informieren.

Ich sagte: Im Fall des Falles – ja.

Es kann dann nicht mehr lange gedauert haben, bis der

Jüngere mir die Frage stellte, ob ich auch bereit wäre, ihnen Informationen zu geben.

Ich sagte, ich sei unfähig, über Menschen, mit denen ich zu tun hätte, Informationen zu geben. Niemandem.

Warum nicht? fuhr der Ältere dazwischen, aber bevor ich ihm eine Begründung sagen konnte, beschwichtigte der Jüngere: Ich hätte sie falsch verstanden, es ginge ihnen nicht um Personen, mehr um Meinungen, zum Beispiel aus dem Kulturbereich, um Stimmungen sozusagen, über die Bescheid zu wissen von enormer Wichtigkeit sei, für die Partei, die Regierung, um gewisse Fehlentwicklungen zu vermeiden, Fehlentscheidungen zu korrigieren, was ja, wie er annehme, auch in meinem Interesse liege. Oder?

Heute, mehr als 25 Jahre danach, weiß ich nicht mehr genau, welche Umschweife ich machte, um Zeit gewinnen. Ich weiß nur, daß ich mich in der Defensive fühlte. Ausgeliefert. Am Boden. Meine berufliche Perspektive war ungewiß. Beim Berliner Verlag hatte ich Veröffentlichungsverbot. Ins Labor wollte ich nicht mehr zurück. Ich wollte schreiben. Waren Kurt Batt und Konrad Reich schon bei mir gewesen? Hatte ich schon Aussicht auf Förderung vom Hinstorff Verlag? Ich weiß es nicht, aber selbst wenn – einen Vertrag hatte ich zu diesem Zeitpunkt noch nicht in der Tasche. Und ich weiß, daß ich zu keinem Zeitpunkt auch nur erwogen habe, auf das Angebot der beiden Herren einzugehen. Sie gingen an jenem Tag mit der Zusicherung aus dem Haus, ich wolle mir die Sache durch den Kopf gehen lassen.

Ich lief gleich zum Telefon, rief Marcel an, meinen Reportagelehrer, der mich beruhigte, ich solle um gotteswillen nicht die Nerven verlieren, und was die Verdächtigung betreffe, es seien schon vor meiner Zeit immer wieder Dokumente verschwunden, das solle ich den Leuten vom MfS sagen, und er nannte Beispiele, und ich sagte, ich wolle es überlegen, und er sagte, nein, machs so schnell wie möglich.

Ich wartete dennoch zwei, drei Tage, rief dann die Nummer an, die man mir hinterlassen hatte, sie fing mit einer 5 und einer 3 an, und ich weiß auch noch, daß der Mann am anderen Ende unbedingt auf einem zweiten, persönlichen Gespräch bestand. Ich habe die Tage gezählt. Ich habe mir jede vorstellbare Wendung, die das Gespräch nehmen konnte, durch den Kopf gehen lassen. Es gab kein Argument, zu dem ich mir nicht ein Gegenargument zurechtgelegt hatte.

Der Jüngere kam allein. Ich bot ihm Tee an. Er fragte, ob ich mir die Sache überlegt hätte. Ich nickte und sagte, das sei wohl nichts für mich. – Er sagte, da sei er ganz anderer Meinung. – Ich sagte, daß ein Reporter den Menschen, mit denen er zu tun habe, Vertrauen garantieren müsse, gleich einem Arzt. – Er sagte: Das brauchten die Leute doch nicht zu wissen. – Ich sagte, er verstünde immer noch nicht. Vertrauen strahle man aus, und wenn man es gegenüber sich selbst nicht habe, dann auch nicht gegenüber anderen. – Er schwieg und sah mich an. Verstehen Sie, sagte ich, die Aura. Es ist eine Frage der Aura.

Mag sein, er war irritiert, und ich sagte, daß ich nichts gegen Gespräche mit ihm hätte, ich stellte mir allerdings vor, sie könnten auf anderer, privaterer Basis stattfinden, von gleich zu gleich. – Aber, wandte er ein, selbst wenn wir uns privat träfen, bliebe er doch Mitarbeiter der Staatssicherheit. – Natürlich, sagte ich, aber ich könnte mir vorstellen, er sei dann offener. Denn so, wie er sich für meine Arbeit interessiere, interessierte ich mich für seine, als Reporter sozusagen, die Neugier, eine Art Berufskrankheit. – Ja, fuhr ich fort, ich hätte inzwischen ein brennendes Interesse an seiner Arbeit gewonnen. Es ist Stoff, sagte ich, hochinteressant, verstehen Sie?

Jetzt war ich mir sicherer. Ich hatte die Rollen vertauscht, jetzt war er derjenige, der einer Art Anwerbungsversuch ausgesetzt war – auch wenn ich ihn nicht wirklich ernst meinte und irgendwo ahnte, daß ich mit dem Feuer spielte und nicht gewußt hätte, wie ich aus dieser Rolle, wäre sie akzeptiert worden, je wieder herausschlüpfen sollte. Aber wider Erwarten akzeptierte der Jüngere meine Argumente, und als sich die Tür hinter ihm schloß, wußte ich, die Wahrscheinlichkeit, er würde sich noch einmal melden, war gering. Dennoch hielt die Erleichterung, die ich empfand, nicht lange an. Etwas nagte in mir, eine Unzufriedenheit mit einem Verhalten, zu dem ich jedem anderen in ähnlicher Situation geraten hätte, das ich für mich aber mehr und mehr ablehnte. Es hatte wohl mit dem Schreiben zu tun, mit meinem Thema, das mit der Verstrickung der Väter-Generation in den deutschen Faschismus zusammenhing. Es ging um Verhalten in jener dunklen Zeit, Verhalten gegenüber der Macht, und je näher ich dem Zentrum der Frage, der persönlichen Verantwortlichkeit, zu kommen glaubte, je stärker wuchs in mir eine Rigorosität, die – wollte ich mir selbst glauben – nach Einlösung in der Gegenwart verlangte.

68 kam, dieser Sturm über Westeuropa, der die Gesellschaft zwar nicht grundlegend veränderte, aber doch reformierte, modernisierte, ziviler machte. Und in Osteuropa die tschechoslowakische Hoffnung, Dubček-Svoboda, der Sozialismus mit menschlichem Antlitz. Damals die Beteiligung an Aktionen für die Westberliner Apo, gegen den Vietnamkrieg, aber auch gegen die sozialistische Bürokratie. Wir hatten einen Klub im Friedrichshain, alles Leute Ende Zwanzig, Anfang Dreißig. Den Einmarsch in die ČSSR, das vorläufige Ende der Hoffnung, Sozialismus könne sich aus eigner Kraft reformieren, verurteilten wir, zwar nicht in kollektiven Resolutionen, aber in Gesprächen, in Diskussionen. Noch immer eine Aufbruchstimmung, die nach Beantwortung so vieler unbewältigter Fragen drängte.

Ich hatte Tina kennengelernt, traf Leute aus einer anderen Generation, die unbefangener in allem war, lockerer im Umgang mit der Macht. Zwei-, dreimal Geschichten über junge Menschen, auf die nach der Arbeit ein Auto wartete, mit dem sie zu Gesprächen, verdeckten Verhören, gefahren wurden, Drohgebärden gegen unangepaßtes Verhalten, Werbungsversuche auch. Eines Tages für Tina in der Post die Aufforderung, sich zwecks Klärung eines Sachverhaltes bei der Polizei einzufinden. Ich wartete mit ihrem kleinen Sohn zu Hause, um zwei nachmittags war sie weggegangen, jetzt war es schon abends, ich telefonierte herum, landete im Präsidium, erkundigte mich alles andere als verbindlich nach Tinas Verbleib, traf auf selbstgefällig ihre Kompetenz verleugnende Männerstimmen, ich fluchte, verwies auf das allein bleibende Kind, aber es wurde neun, zehn, elf Uhr, da endlich kam sie, ein Verhör, natürlich die Stasi, nicht die Polizei.

In diese Zeit fiel mein dritter Kontakt mit den Organen der Sicherheit, diesmal in Gestalt eines blassen, hohlwangigen Mannes, der sich am Telefon mit dem Namen Kant gemeldet hatte. Er kam allein, schlug einen beinahe verschwörerischen Ton an und wollte, wie er sagte, für ein Stündchen nur meine Aufmerksamkeit. Nach 15 Minuten stand er wieder in der Tür. Ich sehe noch seine erschrockenen Augen, seine beschwichtigenden Gesten. Es war, als hätte ich drei Jahre auf diesen Moment gewartet, um all meine Frustration, all meinen gesammelten Zorn auf diesen blassen Mann abzuladen. Jenes Unbehagen von damals – keine Spur mehr davon. Mein taktisches Rollenspiel – weg damit und Tacheles geredet. Was er glaube, wen er vor sich habe? Ob ihm klar sei, daß er mir ein unsittliches Angebot mache. Ob er wisse, welche Aufgabe seine Institution in Wirklichkeit erfülle! Nein? Eine gegenrevolutionäre! Warum? Weil das einzige, was diese Gesellschaft der anderen jenseits der Elbe tatsächlich voraushabe, die Stärke der menschlichen Beziehungen sei, die er und seinesgleichen allerdings fortwährend zu zerstören suchten, indem sie spalteten, indem sie Mißtrauen säten!

Der Mann gegenüber hatte mehr zugehört als geredet, aber er saß noch immer in meinem Sessel, als warte er auf etwas, und da war doch diese Liste, die ich weiterleiten sollte, diese Sammelliste für die *Volkssolidarität*, die ich ihm nun vorlegte mit der Aufforderung, er möge einen Betrag zeichnen, und da hob er, unsicher lachend, die Hände, nein, das könne er nicht, ich solle mir nur vorstellen, er würde überall, wo er hinkäme, spenden, so hoch sei sein Gehalt nicht, und ich sagte, aber es sei doch für unsere alten Menschen, und hob meine Stimme bei dem Pronomen, *unsere* alten Menschen – da stand er auf, ging zwei Schritte in Richtung Tür, entschuldigte sich für die Störung, wollte sich im Korridor noch meines Schweigens versichern, auch, sagte er, gegenüber meiner Frau, was ich ihm schroff und mit einhundertprozentiger Sicherheit abschlagen konnte, im Gegenteil, das sei das erste, was ich ihr erzählen würde und jedem meiner Freunde auch, und da verabschiedete er sich endgültig.

4

9. 1. 1992 – Zur Jahreswende in Paris, wie jedes Jahr. Aus der Entfernung von elfhundert Kilometern nimmt sich alles ganz klein aus, provinziell. Schwierigkeiten, meinen Pariser Freunden zu vermitteln, was sich abspielt in Deutschland, wenn ich die Geschichte meiner Verleumdung erzähle. Immer werde ich gefragt: Was steckt dahinter? – Ich kann nur die Schultern heben.

Neulich im Fernsehen Bericht über die ersten Akteneinsichten betroffener Prominenter. Alles spricht dafür, daß Sascha Anderson Inoffizieller Mitarbeiter der Stasi war. Sein Interview im Freitag: Er verrätselt seine Kontakte auf so einnehmende Weise, daß ich auch an andere Möglichkeiten zu glauben gewillt bin, zum Beispiel an die Simulation eines IM durch das MfS.

Die Frage, was steckt dahinter? Leicht zu sagen, die affektive Kampagne trüge alle Zeichen eines Verdrängungswettbewerbs, oder sie sei die Kompensation ehemaliger

SED-Mitglieder für das, was ihr Anteil am historischen Versagen der Kommunisten war. Hätte mich das Gerücht nicht getroffen, stünde ich jetzt nicht auf der anderen Seite? Schriee mit der gleichen keifenden Empörung? Urteilte mit dem gleichen Affekt, der gleichen moralischen Rigorosität?

2. 2. 92 – Die Absurdität auf dem Höhepunkt. Hans-Jürgen fand in seinem Frankfurter Postkasten die Photokopie eines Interviews, das Karl-Heinz Jakobs mit mir gemacht hat. Es ging darin auch um die Öffnung der Akten, und ich sagte, die wichtigste Frage sei für mich die, ob *ich* es gewesen war, der die Entscheidung traf, in den Westen zu gehen, oder die Stasi – ein, wie ich finde, unmißverständlicher Satz, wenn man an die nun bekannt gewordenen Zersetzungs- und Spaltungspläne für die Opposition denkt.

C., der die Kopie in Hans-Jürgens Postkasten steckte, hatte den Satz unterstrichen und handschriftlich hinzugefügt: Kenner hielten dies für ein indirektes Geständnis. –

Seit drei Monaten, sagte Hans-Jürgen, habe C. mich in Verdacht; Sarah soll auch ihn angerufen haben. Er, Hans, habe es mir solange verschwiegen, um mich nicht noch stärker zu verunsichern.

Gleich hingesetzt, zwei Tage an einem Artikel geschrieben: Geschichte eines Gerüchts. Die Namen aller Beteiligten genannt, außer Jochen Schädlich, der, was nachzutragen ist, nobel genug war, sich neulich für seinen Verdacht zu entschuldigen. Sonst keine Reaktion, obgleich die meisten, wie Jochen, ihre Akten bereits gelesen haben ...

Freitag, 3. 2. 92 – Was am Telefon begann, endet am Telefon. Gerade hatte ich die endgültige Fassung des Artikels an die ZEIT nach Hamburg geschickt, rief Christian Ströbele an: Er habe endlich Nachricht von der Gauck-Behörde, und es stünde nun fest, ich sei kein IM. – Das wisse ich auch, antwortete ich und war wohl ein wenig zu schroff im Ton, denn er sagte schnell und besänftigend: Natürlich, natürlich ..., und fügte dann, nach einem tiefen, alles in Frage stellenden Seufzer, hinzu: Aber ... – Für einen Moment hielt ich die Luft an.

(1993)

Die Akte

1

Ich hatte mir einmal vorgenommen, mich zu keiner schriftlichen Äußerung über jenes Ministerium hinreißen zu lassen, das wir *die Firma* nannten. Noch kurz vor der Drucklegung eines autobiographischen Buches, das vor zwei Jahren erschien und die Zeit meines Überganges von Ost nach West beschrieb, habe ich eine Passage entfernt, die über die Umstände der Post- und Telefonüberwachung, der sichtbaren und unsichtbaren Beschattungen berichtete. Ja, ich habe sogar eine Episode aus den späten siebziger Jahren an den Rand meiner Erinnerung gedrängt, die mich das Leben hätte kosten können; und Veras dazu. Sie hatte mich im Mai 1979 auf einer Fahrt nach Jena begleitet, wo ich in der Evangelischen Studentengemeinde vorlesen sollte, und sie, Vera, entdeckte, als wir den Berg vor der Stadt hinunterfuhren und unter uns ein polterndes, sich schnell vom Motorraum zum Heck entfernendes Geräusch hörten, als erste einen kieselgroßen, über die Fahrbahn springenden Gegenstand. Ich hielt sofort an, fand dreißig Meter hinter uns eine Kontermutter auf dem dunklen Asphalt, lief zurück zum Auto, öffnete die Motorhaube und sah auf den ersten Blick, daß die Lenksäule nur noch durch eine festsitzende Schraube gehalten wurde; die zweite, deren Mutter ich in der Hand hielt, saß lose in der kreisrunden Bohrung. Ich würde übertreiben, wenn ich sagte, das Entsetzen stand uns im Gesicht geschrieben. Blaß waren wir in diesem Moment wohl beide, aber ich nehme an, unsere Gefühle schwankten am Rand der abfallenden Zufahrtsstraße nach Jena, das damals als ein wichtiges Zentrum widerständischer politischer Strömungen galt, zwischen der Ungläubigkeit über ein derart krasses Versagen der Technik und der Erleichterung darüber, daß die blitzartig aufsteigenden Phantasien über die Folgen des Defekts nicht Wirklichkeit geworden waren. An spontane Äußerungen, die eine andere, manipulative Möglichkeit in Betracht gezogen hätten, kann ich mich nicht erinnern. Und sollten wir in Gedanken böse Vermutungen angestellt haben, verloren sie sich spätestens auf dem Weg zum Veranstaltungsraum, der von kalt blickenden, gar nicht geheim sich gebenden Männerpaaren und still am Straßenrand parkenden, gleichwohl mit Personen besetzten Autos gesäumt war. An meine innere, bis in die kleinste Muskelfaser reichende Spannung kann ich mich genau erinnern, aber auch an das Gefühl der Peinlichkeit, das mich angesichts des in keinem Verhältnis zum Anlaß stehenden sicherheitstechnischen Aufwandes befiel. Möglicherweise ist es *darauf* zurückzuführen, wenn ich, dreizehn Jahre später und trotz der mehrfachen Versicherung kompetenter Leute, es sei nahezu unmöglich, daß sich eine Kontermutter von einer Lenksäule ohne äußere Einwirkung lösen könne, eher an einen Zufall glaube als an eine geplante, auf Vernichtung zielende Manipulation. Wahrscheinlicher aber ist, daß der Grund meiner Scheu in der Abneigung vor einer Rolle liegt, die zu spielen ich nicht gewillt bin. Sechzehn Jahre ist es her, aber ich werde das Bild eines einst von mir geschätzten Kollegen nicht vergessen, als er, nach seinem schroffen und durch staatliche Repression geförderten Wechsel von Ost nach West, auf dem Fernsehschirm seine physischen wie psychischen Qualen mit leiser Stimme schilderte und auf die abschließende Frage des Interviewers, was seine nächsten Pläne seien, die – glaubwürdige – Antwort gab, er wolle erst einmal etwas für seine Gesundheit tun, wenn er es sich finanziell leisten könne. – Ich habe gehört, es seien nach seinem Fernsehauftritt Spenden in nicht unbeträchtlicher Höhe an ihn geflossen, und ich hätte darin nichts Schändliches gesehen, wenn mir – wie natürlich auch ihm – nicht bekannt gewesen wäre, daß die Auflagenhöhe seines – nur im Westen veröffentlichten – Buches, welches der letzte Anlaß für seine Ausreise gewesen sein mag und an dem er pro Exemplar 1,80 DM verdiente, zum Zeitpunkt des Interviews bereits die Hunderttausendergrenze überschritten hatte.

Wenn ich eines an Menschen, auch an mir, verachte, dann die Klage über Konsequenzen, die eine selbstgewählte Handlung nach sich zieht. Wer ein politisches System, das die Wahrheit monopolisiert hat, mit *seiner* Wahrheit herausfordert, darf sich nicht wundern, wenn es zurückschlägt. Damit meine ich *nicht*, wir sollten verschweigen, was geschehen ist. Damit meine ich, wir sollten es als logische Konsequenz widerständischer Taten darstellen. Mag sich dann jeder seinen Reim darauf machen.

2

Ich hatte mir also vorgenommen, mich mit keiner Silbe an der Debatte über die Aktivitäten des MfS zu beteiligen, aber seit jenem Montag im letzten Oktober, an dem ich in den Augen einiger Freunde und einer zwar begrenzten, doch einflußreichen Öffentlichkeit vom Objekt der Staatssicherheit zu deren geheimem Verbündeten, zum Spitzel, gemacht wurde, habe ich die Tage bis zu meiner Akteneinsicht gezählt und, als ich endlich den Termin bekam, auch die Stunden.

Als mir Rechtsanwalt Ströbele nach Wochen eines enervierenden Briefwechsels und einer unendlichen Zahl von Telefongesprächen mitteilte, wir seien am Ziel, es stünde nun fest, ich sei kein IM – kann sich niemand, der nicht in ähnlicher Lage war, vorstellen, was für ein Druck mir von der Seele wich.

Doch er fügte, nach kurzer Pause, eine dieser schrecklichen adversiven Konjunktionen hinzu, die einem die beste Nachricht verderben können. Er sagte: Aber ...

Er sagte mir auch noch einen bestimmten Tag und eine bestimmte Stunde, und so fuhr ich am Dienstag darauf zum Haus 49 in die Normannenstraße, wo einst die Zentrale des Ministeriums für Staatssicherheit lag. Ich war für diesen naßkalten Tag viel zu dünn angezogen, lief in meiner Aufregung noch durch den falschen Eingang und irrte eine halbe Stunde durch das weitläufige Gelände, auf dem sich Gebäude von mindestens vier Baustilen vereinigen, wenn es erlaubt ist, im Zusammenhang mit der Architektur der letzten fünfzig Jahre von Stil zu reden.

Ich war durch und durch blaugefroren, als ich endlich einem Mann gegenüberstand, der ein wenig älter schien als ich, mit Nachnamen Schwalm hieß, eine Art Ledersack schleppte und sich als mein Betreuer vorstellte. Er war mir auf den ersten Blick sympathisch, vielleicht, weil er keiner von diesen glatten Beamtentypen war, die die Büros seit einiger Zeit bevölkern. Wie ich später erfuhr, war er beim Sturm auf die Normannenstraße dabeigewesen und hatte einem Komitee angehört, das die Auflösung des hypertrophierten Sicherheitsapparates der DDR kontrollierte. Bevor er die Akten auspackte, nahm er mich beiseite. Er hatte sie, wie er sagte, *vorbereitet*, das heißt, er hatte sie im Hinblick auf schutzwürdige Interessen Dritter (oder Vierter und Fünfter) gelesen. Ich stellte mir nun vor, wie einem Mann zumute sein mußte, der den lieben langen Tag fremde Akten liest, aber richtig verstand ich erst später, warum er manchmal so einen verlorenen Blick hatte.

Im Lesesaal war ich die erste Zeit ganz allein, bis auf eine amtliche Person, die aufpassen mußte, daß ich nicht irgendein Dokument oder ein Foto in die Tasche steckte. Das war auch nötig, denn mehrmals war ich nahe daran, es zu tun. Ich dachte, eigentlich gehört mir das alles, alle Wahrheiten, alle Dummheiten und alle Lügen, die ich über mich geschrieben fand. Was geht das andere Leute an?

Drei Wochen lang fuhr ich fast jeden Tag in die Normannenstraße und saß von 10 bis 15 Uhr über meinen Akten. Am
Abend des vierten Tages ging ich zu einem Interview mit
Hans-Georg Soldat in den Rundfunksender RIAS. Er fragte
mich nach meinen ersten Eindrücken und ich gab, schon
ganz sicher, zur Antwort, ich fühlte mich wie einer, der einen
Roman läse, dessen Hauptfigur er sei. Ich sagte auch noch,
daß die Struktur dieses Romanes der europäischen Moderne
entlehnt sei, in dem die Figuren aus Blicken entstehen, die
andere Figuren auf sie werfen. Natürlich entstehen sie nicht
nur aus Blicken, auch aus belauschten Gesprächen, unter-
schlagener Korrespondenz, alten Personalbögen und dem,
was sonst noch so zwischen den Aktendeckeln zu finden ist.
   Als ich im Bett lag, fiel mir ein, daß ich irgendwann in
den siebziger Jahren genau einen solchen Einfall gehabt
hatte. Ein ganz durchschnittlicher Mann sollte durch Zufall das überwachte Telefon eines anderen Mannes benutzen
und so in den Mechanismus der Kontrollen und Überprü-
fungen hineingeraten, die wiederum sein Leben beeinflussen würden. Der Roman sollte nur aus Akteneintragungen
bestehen, und ich dachte mir damals, das wäre die charak-
teristischste Form, das Leben eines durchschnittlichen
Mannes in der DDR zu beschreiben. Das Witzige ist, daß
ich die Idee für diesen Roman über die DDR beim Lesen
der Protokolle bekam, die der westdeutsche Verfassungs-
schutz über den Atomwissenschaftler Klaus Traube angelegt hatte und die im SPIEGEL veröffentlicht waren. Damals traute ich mir nicht zu, eine derart funktionalisierte
Sprache über 200, 300 Seiten zu bringen. Heute, nach
Kenntnis meines Stasi-Dossiers, weiß ich, ich wäre gescheitert. Unter bestimmten Umständen ist die Wirklichkeit von der Phantasie nicht zu schlagen.

Wenn man vor einem Roman sitzt, in dem man eine Hauptfigur ist, macht man am Anfang meist den Fehler, wie wild darin herumzublättern und sich festzulesen. Das gibt oft einen falschen Eindruck. Ich zum Beispiel stieß gleich auf die komische Seite der Angelegenheit. Da gab es einen IM *Karl*, der als »zuverlässig in der Berichterstattung« galt und für kurze Zeit der Ziehvater meines ältesten Sohnes war, und der erzählte nun über zwei Personen, die ich kenne, folgendes: »Christine, die Ehefrau oder geschiedene Ehefrau des Walter P., habe versucht, mit ihrer Freundin Paula lesbisch zu verkehren. Da die Paula aber zu diesem Zeitpunkt keine Lust gehabt habe, hätte die Christine vor lauter Wut das Gebiß der Paula zertreten.« – Ein paar Seiten weiter, bei einem Bericht der IM *Frau Lucas*, habe ich so ungebührlich laut gelacht, daß die Aufsichtsperson den Kopf von der Zeitung hob. Ob vor Schreck oder aus Mißbilligung, weiß ich nicht. Jedenfalls las ich, daß »Bettina Wegner im Herbst vergangenen Jahres über Prof. Harich sehr verärgert gewesen sei. Prof. Harich hätte Klaus Schlesinger wegen seines älteren Buches über Umweltfragen angerufen und anderthalb Stunden gesprochen, während das Mittagessen auf dem Tisch stand.« – Mir soll mal einer vormachen, wie er dabei ernst bleiben kann, zumal wenn er weiß, daß diese *Frau Lucas* eine gestandene Doktorin der Medizin ist.

Ich gebe zu, ich habe mich auch ein wenig auf die Schippe genommen gefühlt und mir gesagt, wenn der Rest meiner Akten mit einer solchen Mentalität verfaßt worden ist, kann ich mir die Lektüre eigentlich sparen. Auch der unfreiwillige Humor langweilt mit der Zeit.

Am besten, weiß ich heute, liest man seinen Roman von hinten nach vorne. Man nähert sich sozusagen Seite für Seite den Ursprüngen. Ich habe den Fehler begangen, mit dem Anfang zu beginnen. Da stürzt alles mit einer solchen Wucht auf dich ein, daß du eine Weile wie geplättet bist. Das liegt an einer Art Zeitraffereffekt. Du gehst in zwei, drei Stunden durch diese ganzen Jahre, die voller Glück waren für dich und voller Kraft, du hast geliebt und gehaßt, und du denkst an die Wärme, die damals um dich war, und die Freundlichkeit, und dann liest du plötzlich Sätze wie diese: *Zielstellung der einzuleitenden langfristigen politisch-operativen Zersetzungsmaßnahmen ist die Verstärkung bestehender Differenzen in Kreisen des politischen Untergrunds von Kulturschaffenden. Es soll durch gegenseitige Verdächtigungen die Bildung rivalisierender Gruppen bewirkt sowie das Solidaritätsgefühl innerhalb der Gruppen geschwächt werden.*

Ich müßte lügen, würde ich sagen, mir lief es dabei den Rücken herunter. Eigentlich ließ es mich kalt. Es stimmt, die letzten drei Jahrzehnte stand mir die DDR immer ein ganz kleines Stückchen näher als die BRD. Noch jetzt fühle ich mich in den Resten des zum Westen werdenden Ostens meiner Stadt wohler als auf dem Kurfürstendamm. Aber niemand soll behaupten, wir hätten damals nicht gewußt, mit wem wir es zu tun hatten.

Spätestens nach dem dritten Tag der Lektüre stellte sich Distanz her, und am vierten mußte ich schon öfter gähnen. Nach dem ersten aber, auf der Heimfahrt, habe ich den ganzen Weg von Lichtenberg bis nach Kreuzberg, wo ich ausstieg, meinen Freund Michael aus dem taz-Büro holte und mit ihm ins Café Adler ging – auf der ganzen Heimfahrt habe ich geheult. Vielleicht war der plötzliche Abfall dieser intensiven Spannung, die natürlich nicht ausbleibt, schuld daran, vielleicht aber auch die konzentrierte Weise, in der mir klargemacht wurde, in welch schmutzige – oder besser doch: grobe Hände unsere Sache gefallen war.

Glücklicherweise blieb ich nicht lange allein im Lesesaal. Bettina Wegner stieß dazu, meine frühere Frau, mit der ich den *Operativen Vorgang ›Schreiberling‹* teile. Dann kamen auch die Heyms, Inge und Stefan, und in der letzten Woche noch Kurt Bartsch und seine Frau Irene. Wir waren der *Firma* alle mal der *staatsfeindlichen Gruppenbildung* verdächtig, und wir fielen uns in die Arme, machten ein paar unterkühlte Sprüche in der Art: Ist doch gut, daß wir uns bei Gauck treffen und nicht im Lager!, und gingen hinterher ins Restaurant Moskau, in der Karl-Marx-Allee, wo wir nach den Buchbasaren am 1. Mai immer gesessen und unsere bösen Witze gerissen haben.

Ich glaube, damals haben wir noch gehofft, wenn wir es denen da oben ordentlich zeigen, werden sie in ihrer fürchterlichen Arroganz irgendwann daran kaputtgehen. Jetzt wissen wir, sie haben verloren. Das Dumme ist, wir haben nicht gewonnen.

7

Ich weiß, ich sollte endlich von meinen Akten reden, was darin steht, wieviel Bände es sind und wieviel IM wir auf dem Hals hatten. Es gibt ja inzwischen eine Hierarchie solcherart, wieviel Bände über einen angelegt wurden und wieviel Agenten man auf dem Hals hatte; alle Decknamen werden nacheinander aufgezählt, und Biermann hat gedroht, wenn nur jemand von den *Karls, Friedrichs, Romans* – oder wie sie alle hießen – sich öffentlich mucksen sollte, würde er auf der Stelle die *Klarnamen* preisgeben. Ich kann hier versichern, das ist hochgestapelt. Es ist gar nicht so einfach, an die richtigen Namen heranzukommen. Die meisten IM-Akten sind durch den Reißwolf geschickt worden, und man muß schon eine gewisse Vermutung haben, wenn es der Behörde gelingen soll, hinter die wahre Identität eines Decknamens zu kommen. In den meisten Fällen ist das auch gar nicht so wichtig, denn viele IM tauchen nur ein- oder zweimal auf und haben mit einem selber direkt nichts zu tun. Es ist dann die Schwester eines Bekannten, die einen Freund hat, dessen Halbbruder bei der Stasi ist. So sehen die Berichte dann auch aus.

Jede Information, die von einem Informanten – wie es in der Geheimdienstsprache heißt – *abgeschöpft* wurde, ging meist durch zwei *Wahrnehmungsfilter*. In der überwiegenden Zahl der Fälle schrieben die Informanten ihre Berichte nicht selbst. Sie trafen sich mit ihren Führungsoffizieren in einer der konspirativen Wohnungen, die über die ganze Stadt verteilt waren, und erzählten, was sie zu erzählen hatten; günstigstenfalls sprachen sie ins Mikrofon eines Tonbandgerätes. Der Führungsoffizier filterte die für seinen Bericht wichtigen Informationen heraus und formulierte sie in der indirekten Rede. Ein wenig – ich sage: ein wenig! – erinnert es mich an die Stille Post, die wir als Kinder manchmal gespielt haben. Man saß im Kreis, einer flüsterte dem anderen ein möglichst kompliziertes, aber sinnvolles Wort ins Ohr, und der gab es dem nächsten weiter, bis der letzte im Kreis aussprach, was er verstanden hatte. Der Witz lag in der Veränderung des ursprünglichen Wortes, und so wurde aus einem *Transmissionsriemen* leicht ein *Wanzenvertilgungsmittel*.

Die wichtigen IM, also die, die in unmittelbarer Nähe agierten, sind in der Mehrzahl auf den zweiten Blick zu erkennen. Alle Berichte enthalten irgendein unverwechselbares, kenntlich machendes Detail. Man hat dann letztlich nur mit sieben, acht Leuten zu tun, vier bis fünf davon konnte man ohnehin nicht leiden, bleiben drei oder vier, mit denen man sich auseinandersetzen muß. Es wird also zu einer *persönlichen* Sache.

Etwas anderes ist es bei dem Fall meines Kollegen X.

Mitte der Siebziger hatten Plenzdorf, Stade und ich ein, wie wir glaubten, ehrgeiziges Projekt in Arbeit. Wir wollten eine Anthologie initiieren, bei der alle Beteiligten die Texte aller Beteiligten kennen, auch über sie reden, sich auf eine Endfassung einigen und diese einem unserer Verlage als kollektive Herausgeber anbieten. Ehrgeizig war das Projekt auch insofern, als es die Strukturen des *sozialistischen Verlagswesens* infrage zu stellen drohte, und das Stasi-Dossier enthält nicht wenige Passagen, die sich mit unserer Autoren-Anthologie beschäftigen.

Im vorigen Jahr habe ich die Akte des DDR-Schriftstellerverbandes zu diesem Projekt, das wir nach anderthalb Jahren Kleinarbeit Anfang 1976 entnervt aufgaben, in die Hand bekommen und war überzeugt, daß unser Scheitern in erster Linie den Intrigen des Verbandes zu danken war. Jetzt sah ich das Zusammenspiel zwischen der Staatssicherheit und ihren Agenten im Bezirksverband Berlin. Jetzt fand ich auch Berichte eines IM *Heinrich*, den ich auf der Stelle als meinen Kollegen X erkannte. Ich hatte bis 1979 einen Briefwechsel mit ihm, nun fand ich den Inhalt meiner Briefe in seinen Berichten an einen gewissen Leutnant Lieback. Offensichtlich spielte X ein doppeltes Spiel, und ich denke, es ist von allgemeinerem Interesse, daß ich seine und meine, über den Leutnant Lieback vermittelten, Briefe unter Wahrung der Anonymität des Kollegen X veröffentlicht habe. Interessanter als den Verräter finde ich noch immer den Verrat.

Außerdem bin ich mir gegenüber mißtrauisch geworden. Ich habe mich dabei ertappt, daß ich, nachdem ich kreuz und quer telefoniert hatte, um die Identität der IM *André* und *Adler* festzustellen, die in meiner Akte eine nicht unwesentliche Rolle spielen, ein Gefühl entwickelte, wie es Jäger auf der Pirsch haben müssen, und als ich wußte, wer der eine war, wurde mir klar, daß ich Macht besaß – wenig, gewiß, aber doch genug, um in das Leben eines Menschen so eingreifen zu können, wie Menschen, die ich verurteile, in mein Leben eingegriffen haben. Mit einemmal kam ich von der Frage nicht mehr los: Ist, wer einen Denunzianten anzeigt, ein Denunziant?

8

Unter dem Aktenberg, den eine freundliche Frau mir jeden Morgen wieder auf den Tisch legte, befand sich ein schmaler Band, der sich durch seine Aufschrift von den anderen unterschied. Nicht vom *Operativen Vorgang »Schreiberling«* war auf dem Mappendeckel die Rede; er trug nur ein großes gestempeltes P, und als ich ihn aufschlug, führte er mich zurück in die Zeit kurz nach dem Mauerbau, in die frühen Sechziger. Es war eine Akte, die von Fachleuten *IM-Vorlauf* genannt wird, das heißt, sie ist mit dem Ziel angelegt worden, einen geheimen Mitarbeiter zu gewinnen.

Ich hatte, meiner Erinnerung nach, drei Kontakte mit Leuten, die vom MfS kamen bzw. mit ihm in Verbindung standen, aber nur ein Kontakt, der wesentlichste allerdings, ist hier registriert. Er fand, wie ich nun las, Ende März, Anfang April 1966 statt. Interessanterweise ist der »Beschluß für die Anlage eines IM-Vorlaufs« schon zwei Jahre früher erfolgt, und die Zeitspanne bis zum ersten Kontaktgespräch ist derart genutzt worden, daß alle möglichen Informationen über die Person, die geworben werden sollte, also über mich, gesammelt wurden. Sie stammen zum größten Teil aus den Personalakten meiner Arbeitsstellen, zu denen das MfS ungehinderten Zugang hatte, aber es klapperten auch sonstwie getarnte Mitarbeiter die Adressen ab, unter denen ich die letzten Jahre gemeldet war.

Es ist eine witzige Erfahrung, sich von ehemaligen Nachbarn oder sogenannten Hausvertrauensleuten charakterisiert zu sehen. Ich schrieb damals gerade an einem stark expressiven Text, der mit dem Generationenkonflikt zu tun hatte, und das hieß für einen jungen Deutschen, sich mit der tätigen und billigenden Mithilfe des größten Teils seines Volkes am größten Völkerverbrechen dieses Jahrhunderts auseinanderzusetzen. Ich weiß, ich sah damals in jedem Menschen, der zehn Jahre älter war als ich, einen potentiellen Mörder. Aber trotz dieser inneren Zerrissenheit, trotz dieses Ekels und Hasses, den ich empfand, muß ich damals einen zurückhaltenden, höflichen Eindruck erweckt haben, denn alle wußten nur Gutes über mich zu berichten; bis auf eine ältere Frau in Pankow, bei der ich ein Jahr zur Untermiete gewohnt hatte und die mir die abenteuerlichsten Verhältnisse mit Tänzerinnen nachsagte sowie den Berufswunsch Schauspieler. Ich kann hier versichern, ich hatte nie ein Verhältnis mit einer Tänzerin, ich war in jener Zeit ausgesprochen monogam, und die Frau, die vielleicht zwei-, dreimal bei mir übernachtete, habe ich wenig später geheiratet.

Überrascht hat mich der Bericht über eine Party im Februar 1963, an die ich mich noch schattenhaft erinnern kann. Da hatte mich und meine engsten Freunde eine junge Lektorin vom Eulenspiegel-Verlag zu einer Faschingsfeier in ihre Wohnung eingeladen. Wir waren nun alle nicht diese Typen, die sich nach dem Genuß dreier Biere vor Vergnügen auf die Schenkel hauen, wenn einer mit Pappnase und Tröte ins Zimmer kommt und Helau ruft. Genau so ein Mensch aber fiel uns dauernd in unsere eher ernsthaften Diskussionen über Sartre, die Konsequenzen der Mauer oder Hermlins Akademie-Lesung, die uns damals einen so wichtigen Rückhalt gab.

Jetzt las ich, daß dieser junge Mann ein IM mit Decknamen *Heinz Walter* war, der eigens an der Party teilnahm, um in unseren Kreis einzudringen. Die Staatssicherheit hatte ihn sogar mit Westzigaretten ausgestattet, aber wie seinem Bericht zu entnehmen ist, war die »... Sucht nach Westzigaretten nicht besonders groß ... Besser wäre es gewesen, ich hätte mehrere Schachteln Kenty-Zigaretten bei mir gehabt. Bekanntlich nach dem 13. 8. 61 die ›Oppositionszigarette‹ dieser Kreise.«

Der IM *Heinz Walter* agierte so unglücklich, daß er eingestehen mußte, es sei »kein direkter Kontakt zustande gekommen« mit mir und mit meinen Freunden, aber es lag ein zweiter Bericht über die Party dabei, und ich brauchte nicht lange, um zu entdecken, daß die Person, die sich hinter dem Decknamen *Büchner* verbarg, eben jene Lektorin war, die die Feier veranstaltet hatte.

Wir, sie und ich, hatten einmal das, was man ein flüchtiges Verhältnis nennt, und ich kann mich nicht erinnern, je wieder darauf zurückgekommen zu sein – ihr jedoch kann ich eine gewisse Treue nicht absprechen: Zwölf Jahre später, als der *Operative Vorgang »Schreiberling«* eröffnet wird, tritt sie abermals in Erscheinung, nun als geschiedene Frau meines Freundes Stephan und Mutter seines Sohnes, und sie begleitet mich und unseren Kreis mit ihren Berichten bis in das Jahr, in dem ich in den Westen ging.

Eröffnet wurde die Akte zur Gewinnung eines geheimen Mitarbeiters am 26. 8. 1964; geschlossen hat man sie am 7. 2. 1969 mit folgendem Wortlaut: »Der Kandidat wurde 1963 als Teilnehmer einer negativen Gruppierung durch den IM ›Büchner‹ bekannt, die sich in der Gaststätte ›Alt-Bayern‹ zu Jazzabenden versammelten. Zur Aufklärung negativer Kulturschaffender wurde er 1966 auf Kontakt genommen. Bei der Kontaktaufnahme erklärte er sich nicht bereit konkrete Aufträge zu übernehmen und über seinen Freundeskreis zu berichten. Da sein Mißtrauen und seine Voreingenommenheit nicht überwunden werden konnten, wurde die Trefftätigkeit eingestellt.«

Ich habe diesen Abschnitt deshalb ausführlich zitiert, weil ich zeigen möchte, daß eine psychische und materielle Notlage nicht unbedingt mit der Aufgabe einer Moral verbunden sein muß.

Mir scheint aber, daß in den paar Sätzen schon die Exposition zu einem der vielen Romane steckte, die die Stasi unter dem Obertitel *Operativer Vorgang* geschrieben hat. Die Figur jedenfalls ist geradezu prädestiniert dafür.

Und sie wird im schönen Jahr 1974 als Schriftsteller
Schlesinger, Deckname *Schreiberling*, in diese Rolle eingeführt.

9

Natürlich stehen in dem Roman, in dem ich eine Haupt-
rolle spiele, noch mehr Dinge, die von allgemeinem Interesse sind. Zum Beispiel könnte ein Mensch in Unna/West-
falen oder Nierstein/Hessen die berechtigte Frage stellen,
was ein Mensch, der dreißig Jahre lang in der DDR gelebt
hat, getan haben muß, um eine solche Geheimdienst-Akte
zu bekommen.

Ich kann darauf eine allgemeine und eine spezielle Antwort geben. Die spezielle würde die knappe Schilderung
einer Versammlung des Berliner Schriftstellerverbandes
vom 30. 10. 1974 enthalten, auf der Jurek Becker ein ebenso
elegantes wie respektloses Referat hielt und Heym, Schlesinger, Dieter Schubert und Plenzdorf nacheinander zur
Diskussion sprachen. Laut Akte haben sie nicht mehr gefordert, aber auch nicht weniger, als die Abschaffung
der Zensur in der DDR. Die Genossen im Verband, stellte
eine *Information* des MfS fest, hätten keine ideologische
Auseinandersetzung mit den falschen Positionen der
Genannten geführt, sondern unverantwortlicherweise ge-
schwiegen. Geredet haben die IM: »Es war die außer-
gewöhnlichste Versammlung seit Jahren. Heym, Becker
und Schlesinger spielten sich die Bälle zu und zogen Plenzdorf in ihr Spiel ein.« Oder: »Bestimmte negative Kräfte ...
treten in immer massiverer und offensichtlich abgestimm-
ter Form auf.« Laut Akte soll sogar der Stellvertretende
Minister Klaus Höpcke vor lauter Beunruhigung um ein
Gespräch mit den Genossen des MfS nachgesucht haben.
Erstmalig, soll er dort gesagt haben, sei es in einem der-
artigen Kreis und in einer solchen massiven Form zu Angriffen gegen die Kulturpolitik unseres Staates gekommen.
Er könne sich »dem Argument nicht verschließen, daß die

Forderungen von Heym, Becker, Schlesinger sowie Plenzdorf an die Anfänge der konterrevolutionären Entwicklung der ČSSR erinnern«.

Soweit die spezielle Antwort. Die allgemeine würde lauten, es müsse sich einer nur gegen Tabus seiner Gesellschaft auflehnen. Bei uns etwa gegen die führende Rolle der Partei. Im Fall des Menschen aus Unna oder Nierstein zum Beispiel gegen den spekulativen Gebrauch des Privateigentums. Fällt die Auflehnung radikal genug aus, vielleicht in Form einer Hausbesetzung, reicht das im Normalfall.

10

Ich sei kein IM, hatte mein Freund Christian an einem Freitag im Februar gesagt und hinzugefügt: Aber ... Er hatte den Satz natürlich zu Ende gesprochen: ... die Stasi wollte dich zum Stasi machen. Das wirst du alles nachlesen können.

Während meines drei Wochen dauernden Aktenstudiums habe ich die ganze Zeit über im Kopf an jenem Artikel formuliert, den ich darüber schreiben mußte. Ich hatte ja ein brennendes persönliches Interesse. Ich wollte es reportagehaft erzählen, etwa so, daß ich, nachdem ich mich durch drei Bände hindurchgefressen habe, zwischen einem KGB-Bericht in kyrillischer Schrift über die Familie meiner russischen Übersetzerin und der Information eines IM *Flocky*, daß am »Zustandekommen der Lesung des Klaus Schlesinger in der Evangelischen Studentengemeinde ein gewisser Markus Meckel maßgeblich beteiligt war«, im vierten Band endlich finde, was ich suche. Hier, wollte ich rufen, auf blaßrosa Durchschlagpapier, Seite 28 bis 35, entdecke ich ihn, den endgültigen Beweis, daß ich verleumdet wurde – den »Plan langfristig politisch-operativer Zersetzungsmaßnahmen«!

Es wäre gelogen gewesen. Ich hatte ihn ja, bevor ich ihn fand, nebst einem *Abschlußbericht* längst als Kopie in der

Tasche, und die ersten Tage zeigte ich ihn jeder Person, mit der ich zusammentraf, ob es sie nun interessierte oder nicht. Manche Leute haben nicht schlecht gestaunt, daß sie plötzlich einem Mann gegenübersaßen, der *staatsverbrecherischer Handlungen nach §§ 106, 107* und auch *nach § 98* beschuldigt wurde bzw. verdächtig war und als *Inspirator und Organisator öffentlichkeitswirksamer feindlich-negativer Aktivitäten besonders seit Mitte der 70ger Jahre in Erscheinung* getreten ist, bis der *feindliche Stützpunkt im Innern der DDR durch die Ausreise der beiden Hauptpersonen, Klaus Schlesinger und Bettina Wegner,* beseitigt wurde.

Nur mit dem *Zersetzungsplan* konnten die wenigstens etwas anfangen, obgleich sie es sich nicht anmerken ließen. Ich habe sogar versucht, ihn durch eine Mischung aus Zitaten und vermuteten Gedankengängen seines Verfassers in eine lebendige, lesbare Form zu bringen. Leider war das Ergebnis nicht besser. Ich glaube, die Sprache der Geheimdienste ist für die Verständigung zwischen Menschen nicht zu verwenden.

Worum es ging? Es sollte eine Unmenge anonymer Briefe an die Personen unseres Kreises mit den krausesten Verdächtigungen geschrieben werden, sogar in verschiedenen Stilarten und auch an mich, so daß ich denken sollte, einer dieser Briefe wäre von Günter de Bruyn. Ich sollte dann irgendwie darauf reagieren und mich damit erst recht verdächtig machen. Zu diesem Zweck wollten sie mich, bei gleichzeitiger Behinderung der Veranstaltungen Bettina Wegners, sogar »zeitweilig fördern« und mir durch den IM *Schönberg*, der in meinem Rostocker Verlag »eine Schlüsselposition« innehatte, »planmäßige Nachauflagen mit öffentlicher Ankündigung sowie Studienreisen nach Westberlin und ein großzügiges Stipendium« geben, bis der Widerspruch zwischen dem »oppositionellen Habitus« und den Privilegien derart groß geworden wäre, daß ... – Ach, ich höre damit auf.

Dieser Plan aus dem Frühjahr 1978, der wenige Monate

danach noch einmal überarbeitet wurde, ist so, wie entworfen, nie ausgeführt worden, aber selbstverständlich gingen einige Vigilanten mit dem Auftrag herum, Mißtrauen zu säen. Offenbar ohne großen Erfolg. Ich habe die Menschen, mit denen ich zu tun hatte, vor kurzem gefragt, ob ihnen damals je etwas Derartiges über mich zu Ohren gekommen sei. Die meisten haben abgewinkt. Selbst wenn, sie hätten es nicht geglaubt.

Bei irgendeinem muß doch etwas hängengeblieben sein, sonst wäre mein Name während des Medienrummels, den einige meiner früheren Landsleute kurz vor Öffnung der Akten inszeniert haben, nicht so intensiv genannt worden. In einer Art Spätzündung wurde dann die schlummernde Falschinformation – ich sage mal: explosionsartig freigesetzt. So sind einige Leute doch noch auf die Stasi hereingefallen.

Dabei wäre alles so einfach gewesen. Der ungarische Ironiker György Dalos sagte neulich, es gäbe zwei Möglichkeiten, um festzustellen, ob einer bei der Stasi war oder nicht. Die eine ist der Blick in die Akten; die andere der Blick in die Augen.

11

Wenn einer von allerlei Figuren mit so klingenden Namen wie *Adler*, *Büchner* oder *André* umstellt ist, macht er sich natürlich Gedanken über die Personen, die sich dahinter verbergen.

Adler zum Beispiel ist in meiner Erinnerung ein Mann von erheblicher Dickleibigkeit und einer Physiognomie, zu der der Name *Habicht* besser gepaßt hätte. Er ging als Verlagslektor und Herausgeber von Anthologien durch die Wohnungen der schreibenden Leute, saß da an Kaffeetischen und verteilte Rohübersetzungen, deren Nachdichtung nicht wenigen ein gut dotiertes Zubrot garantierte. Er ist heute älter als sechzig und in den Vorruhestand getreten, was meine Lust, ihn anzurufen und mit seinen Berichten zu konfrontieren, etwas einschränkt, denn ich weiß, daß es solchen Leuten heutzutage nicht gerade glänzend geht, und ich hatte damals auch nicht viel mit ihm zu tun.

Mehr zu tun hatte ich offenbar mit *André*. Er war ein Bekannter meines Freundes Martin Stade, und durch ihn muß er auch in unseren Kreis gekommen sein. Wenn ich seinen Berichten trauen kann, muß ich ihn öfter getroffen haben. Er erzählte von Besuchen in meiner Wohnung und von zufälligen Treffs, wie einmal in einem Verlag, ein anderes Mal in der Kaufhalle Leipziger Straße. Auch auf einem Empfang der westdeutschen Vertretung in der Hannoverschen Straße wollte er gewesen und mit mir anschließend in meine Stammkneipe Pabst gegangen sein, wo ich ihm ausführlich über den Stand unseres Anthologieprojektes berichtet haben soll. Er berichtete über mir völlig unbekannte, gleichwohl meine Intimsphäre betreffende Details in feurigen Sätzen, und er legte mir blumige Formulierungen in den Mund, deren Urheber ich mit hundertprozentiger Sicherheit nicht gewesen sein konnte.

Fast zwei Wochen haben wir – die Leute, über die er berichtete, und ich – darüber spekuliert, wer sich hinter dem Pseudonym verbarg. Es waren derart viele Angaben zu seiner Person vorhanden, daß es mit dem Teufel zugehen mußte, warum keinem von uns die wirkliche Person einfiel, und hätte er nicht – laut Akte – in jener Zeit zu dem Westberliner Herausgeber der Literaturzeitschrift Litfaß einen intensiven Kontakt gepflegt, wir würden wohl noch immer im dunkeln tappen. Der nannte mir auf Anhieb den Namen, denn er hatte in Ostberlin damals nur jenen *André* näher gekannt. Jetzt fiel es allen wie Schuppen von den Augen, nur ich schüttelte noch immer den Kopf. Zwar war mir der Name bekannt, aber ich hätte schwören können, daß ich nichts Näheres mit ihm zu tun gehabt hatte. Mir fiel ja nicht einmal sein Gesicht ein, und einige Zeit habe ich tatsächlich geglaubt, der Mann habe nie existiert und die Stasi sei einem *fake* aufgesessen, bis ich mir eingestehen mußte, daß der beste Agent jener ist, an den man sich später nicht mehr erinnert.

An den langen IM *Kurt* allerdings erinnere ist mich sehr gut. Ich kenne ihn seit 1968 und habe ihn selbst in der Zeit, in der ich im Westen lebte, fast jedes Jahr ein- oder zweimal gesehen. Wir hatten uns das erste Mal in einem Jugendklub im Bezirk Friedrichshain getroffen, er war damals schon Mitte zwanzig, hatte, wie er erzählte, seine Stellung beim Adlershofer Fernsehen wegen seines nonkonformen, weit neben der Parteilinie liegenden Standpunktes zu Biermann verloren. Durch die Beziehung zu einem Westberliner verfügte er über die neuesten Schallplatten, bei ihm habe ich das erste Mal Nina Simone gehört. Außerdem ist er einer der handwerklich begabtesten Menschen, die ich kenne, und ich weiß noch, daß mir seine Wohnung in der Lottumstraße, die er mit einer alten Frau in sogenannter Teilhauptmiete bewohnte, Modell für meine Erzählung »Alte Filme« gestanden hat. Ich scheue mich nicht, zu sagen, daß ich ihm viel verdanke. Als ich eine schallisolierende, im Handel nicht erhältliche Platte brauchte, um die Tür meines Arbeitszimmers zum Wartezimmer des Arztes, mit dem *ich* meine Wohnung teilte, zu verschließen, nahm er mich an die Hand und führte mich in der Dunkelheit an eine Baustelle in der Nähe des Alexanderplatzes. Mit ihm nahm ich meine erste Umwandlung von volkseigenem zu persönlichem Bedarf vor, und wann immer ich ein Problem praktischer Natur hatte, der lange *Kurt* wußte es zu lösen. Im Grunde habe ich durch ihn auch die Frau kennengelernt, mit der ich die Akte *Schreiberling* teile, und er hat sogar, zwölf Jahre später, die juristischen Vorbereitungen für unsere Scheidung getroffen.

Daß er in der Partei war, hat mich nie gestört, denn er gab einen hervorragenden Sparringspartner im Abtausch schlagender Argumente für und wider das realsozialistische Experiment ab und war intelligent genug, die Widersprüche, in die sich seine Partei verwickelte, klar zu sehen und mit realen Geschichten zu belegen, die mir Material für fiktive waren. Wir redeten offen miteinander, und im gewissen Sinne hatte er mir zu verstehen gegeben, daß unserem Vertrauensverhältnis Grenzen gesetzt sind, denn wenn er auch die Frage, ob er bei der Stasi sei, verneinte, betonte er doch, er würde den Genossen in *strafrelevanten* Fällen, falls sie ihn fragten, die Antwort nicht verweigern.

Nun war die Strafrelevanz, was die *politische* Seite betraf, in der DDR ein Ding mit gummiartigen Eigenschaften, aber wenn ich mir jetzt seine Berichte anschaue, muß ich zugeben, daß er meine Person so weit wie möglich herausgelassen hat. Im Vergleich zu den Rapporten anderer IM vermisse ich geradezu die Wiedergabe von Meinungen einzelner Personen; meist sind nur die Themen genannt, über die gesprochen wurde.

Der lange *Kurt* war mir immer das Exempel für die Schizophrenie des überzeugten, aber intelligenten Genossen gewesen, der in zwanzigminütiger Rede alle Absurditäten der politischen Bürokratie referieren und die sozialistische Revolution für gescheitert erklären konnte, um, nach einem tiefen Seufzer, in fünf Minuten alle Argumente hervorzuholen, die dafür sprachen, warum es nicht anders sein konnte, als es war.

In den drei, vier Wochen nach dem, was heute im Osten *Der Umbruch* genannt wird, habe ich ihn schlohweiß werden sehen, und ich wage die Vermutung, daß es nicht nur mit seiner geheimen Tätigkeit für die Abteilung XX/2 zu tun hatte.

12

Ein Kapitel für sich ist die Psychologie der IM. Sie nehmen meist nur wahr, was sie wahrnehmen wollen. *Heinrich* zum Beispiel, der starke Kontaktschwierigkeit hat und, wie er mir später schrieb, »isoliert genug« ist, glaubte bei seinem ersten Besuch zu beobachten, daß ich »sehr mißtrauisch sei«. Angeblich hätte ich mich über den Tisch gebeugt und in seine Aktentasche geblickt, als er ihr seinen Tabak entnahm, und als ich ihm in die Lederjacke half, soll ich sie vorher »kräftig geschüttelt« haben, »wie um festzustellen, was sich in den Taschen befindet«. *Büchner* wiederum, die alleinerziehende Lektorin mit mehreren gescheiterten Beziehungen – die, wie gesagt, auch kurze Zeit mit unserem Freund Stephan verheiratet war und deshalb auf quasi-familiärer Ebene Zugang zu unserem Kreis hatte –, richtete ihren Blick hauptsächlich auf die Verhältnisse zwischen Männern und Frauen, registrierte jede Winzigkeit, die auch nur annähernd auf potentiellen außerehelichen Beischlaf, auf Krach zwischen den Freunden hindeuten könnte, jede nette Geste, jeden freundlichen Blick.

André dagegen stand unter literarischem Anerkennungs-druck. Wenn er es endlich geschafft hatte, an unserem Tisch in der Kneipe Platz zu nehmen, belegten ihm all die nebensächlichen Gespräche, daß wir literarisch und »politisch niveaulos« und für eine organisierte Opposition »ungeeignet und auch unfähig« seien.

Ich denke, daß jeder Bericht, den so ein IM ins Tonband gesprochen oder selbst geschrieben hat, beinahe mehr über ihn selbst als über sein Objekt erzählt. Und er scheint einen Typus zu verkörpern, der mir noch aus der Schulzeit in lebhafter Erinnerung ist, die Petze.

13

Man kann mir vorwerfen (und man hat es getan), ich sei zu nachsichtig mit Handlungen, die Verrat an menschlichen Beziehungen wären; ich sähe in den Taten jener Menschen, die als Spitzel hinreichend bezeichnet seien, immer noch die für mich positive Seite und würde damit den Schaden verharmlosen, den sie angerichtet hätten oder angerichtet haben könnten.

Ich kann auf diesen Vorwurf nur anekdotisch antworten. Kurz nach der Vereinigung, oder ein paar Monate vorher, sah ich einen Fernsehbericht über eine verlassene Dienststelle des Ministeriums für Staatssicherheit. Die Kamera führte uns in einen geheimnisvollen, kahlen Raum, in dem, auf metallenen Regalen, eine Menge Weckgläser standen. Jedes dieser Gläser enthielt ein rätselhaftes Stück Stoff. Die Staatssicherheit, wurde ich aufgeklärt, hatte auffällige oder der Insubordination verdächtige Personen, meist unter einem Vorwand, zu sich geladen, um in den Besitz ihres *spezifischen Geruchs* zu kommen, der dann, konserviert wie die Pflaumen in der Speisekammer meiner Großmutter, auf den Tag wartete, da er die Verdächtigen, mittels des Stofffetzens und eines deutschen Schäferhundes, irgendeiner Tat überführen könnte. Ich höre noch die vor Empörung zitternde, in dramatischer Tiefe siedelnde Stimme der Kommentatorin.

Ich mußte lachen. Ich mußte so laut und schallend lachen, daß meine junge Nachbarin die Zimmertür aufriß, um an meiner nicht enden wollenden Heiterkeit teilzuhaben. Vergebens. Für einen Moment hatte ich in jeder Zelle meines Körpers gespürt, warum dieses Land, dessen Bürger ich vierzig Jahre lang gewesen war, so sang- und klanglos untergehen mußte. Doch absurde Gefühle lassen sich nicht vermitteln.

14

Einigen IM habe ich inzwischen geschrieben und habe ihnen von meiner Entdeckung erzählt. Der lange *Kurt* hat mich neulich angerufen, und wir haben einen Tag vereinbart, an dem wir uns über die ganze Sache einmal unterhalten wollen. Ich war erleichtert, daß unsere Stimmen ganz normal waren, und es hätte seiner Entschuldigung, daß er den Anruf so lange hinausgeschoben habe, ebensowenig bedurft wie seiner Versicherung, er habe im Grunde immer auf meiner Seite gestanden, die ganzen Jahre.

Heinrich hat mir schon mehrmals geschrieben. Ich hatte ihm angeboten, er könne die Kopien meiner Akte lesen. Ich wollte, daß er sieht, wie groß sein persönlicher Anteil an der inneren Zerstörung dessen ist, woran er einmal geglaubt hat oder noch immer glaubt. Er hat es kategorisch abgelehnt.

Er hat auch einige Briefseiten gebraucht, ehe er mir metaphorisch mitteilte, daß er – von heute, und nur von heute aus gesehen – seine geheime Tätigkeit eher bereue, aber er sparte auch nicht mit Vorwürfen an meine Adresse und die meiner gleichgesinnten Kollegen. Wir, sagte er, hätten bewußt oder unbewußt daran teilgehabt, das Land DDR und damit auch seine Literatur zum Verschwinden zu bringen, und er fände die öffentliche Behandlung des Themas Stasi so lange widerwärtig und opportunistisch, solange die Akten der anderen Geheimdienste nicht zu lesen seien.

Schwierigkeiten mit meinem Verhalten hätte ich bei der ebenfalls im Vorruhestand befindlichen Inoffiziellen Mitarbeiterin *Büchner*. Ich wüßte nicht, was ich täte, träfe ich sie zufällig auf der Straße. Ebenso geht es mir mit dem IM *Karl* und seiner, wie es heißt, »mitverpflichteten Ehefrau«. Der Satz in einem der Berichte, das IM-Paar *Karl* könne über die verwandtschaftlichen Beziehungen zu meinem ältesten Kind auch in den Kreis um den Vater meines Pflegesohnes eindringen, will mir nicht aus dem Kopf, und ich spüre schon eine körperliche Abwehr, wenn ich an die beiden nur denke.

Die Stadt ist groß, und es fällt einem nicht schwer, sich bei unvermuteten Begegnungen auf dem Absatz herumzudrehen. Ich habe das schon bei geringeren Anlässen getan.

15

Stimmt, die Staatssicherheit hat viel von uns gewußt. Sie hat alles zusammengetragen, was sich zusammentragen ließ, um ein »Persönlichkeitsbild der Familie Schlesinger zu erstellen«. Eine Karte an meine Kinder, Briefe an meine Frau – das Familienklima. Die Umstände eines Autokaufs – die finanzielle Situation. Ein Gespräch mit einem

Lektor – der politisch-ästhetische Standpunkt. Aber sie hinkte mindestens ein halbes – ach, ein Jahr hinterher.

Und als es für sie wirklich einmal darauf angekommen wäre, etwas zu verhindern – als wir im Mai 79 übers Land fuhren, um Unterschriften zu sammeln für einen Protestbrief wegen Heyms Verurteilung, der dann Anlaß wurde für die große Ausschlußaktion aus dem Schriftstellerverband –, hat sie jämmerlich versagt und mußte eine Woche nach dem Eklat, mehr schlecht als recht, rekonstruieren, wer denn nun wann bei wem war.

Wir waren bei insgesamt elf Autoren, acht haben schließlich unterschrieben, darunter vier *Operative Vorgänge*, also überwachte Personen. Sogar einen Autor, der als IM *Pedro Hagen* in meinen Akten auftaucht, haben wir nach seiner Unterschrift gefragt, aber offensichtlich hat er es nicht gleich gemeldet.

Womit die Staatssicherheit nicht gerechnet hatte: daß wir einmal so handeln würden, wie wir vorher nie gehandelt hatten: konspirativ ...

Ich war damals mit Kurt Bartsch unterwegs. Wir standen, wie man sich denken kann, unter einer Art Hochspannung, und auf der stark geschwungenen Autobahnabfahrt nach Halle hätte es uns beinahe aus der Fahrbahn geschleudert, so schnell, so unkonzentriert war ich sie angegangen.

Als wir zu Erich Loest fuhren, parkten wir das Auto ein paar Straßen weiter, und als er uns die Tür öffnete, zogen wir ihn gleich auf den Balkon. So nützte die »eingeleitete Maßnahme B«, durch die, wie wir heute wissen, Loests Wohnzimmer mit Abhörgeräten gespickt wurde, der Stasi einen feuchten Kehricht.

16

Die Akten sind chronologisch geführt, und jeder Monat, jedes Jahr hat einen gleichmäßig dicken Papierstapel. Nur dann, wenn wir in irgendeiner Sache aktiv wurden oder wenn der Staat etwas beabsichtigte und mit einer Reaktion seiner widerspenstigen Autoren rechnete, nimmt das Quantum gesammelten Papiers, bezogen auf die Zeiteinheit, gewaltig zu. Ich war nicht überrascht, daß ich für die Zeit, in der der Prozeß gegen Rudolf Bahro stattfand, eine Menge Beobachtungsberichte in der Akte fand. Dazu muß ich vorausschicken, daß ich von der Tatsache des Prozesses erst erfuhr, als Bahros Verurteilung öffentlich wurde. Den Barkas aber, der mit der Schnauze in Richtung unserer Haustür in der Leipziger Straße 55 stand und dessen hinterer Teil von außen nicht einzusehen war, habe ich gleich bemerkt. Er hatte eine große Antenne, aber ich konnte, als ich ihn näher in Augenschein nahm, in der Fahrerkabine kein Radio entdecken. Die Herren saßen also im hinteren Teil, hatten durch ein zum Fahrersitz reichendes, nur von einer, der inneren, Seite durchschaubares Fenster einen Blick auf meinen Hauseingang und benachrichtigten über Funk die hinter dem Haus wartenden Genossen, sobald ich durch die Tür kam. Sie fuhren mir mit einem Lada, in dem immer zwei Männer in auffällig gelben oder roten Hemden saßen, überall hinterher, selbst wenn ich meinen jüngsten Sohn vom Kindergarten abholte. Einmal habe ich überraschend und scharf gewendet und ihnen einen Vogel gezeigt. Als ich dann von Bahros Verurteilung erfuhr, glaubte ich, ich wäre Opfer einer sogenannten weißen Beschattung gewesen, also einer, die ich merken sollte, als Warnung gleichsam, mich nicht zu unüberlegten Handlungen hinreißen zu lassen. Jetzt, in Band V der Akte, las ich, daß diese Dekonspiration, wie die Geheimdienstleute eine gescheiterte Beschattung oder die Enttarnung eines Agenten nennen, alles andere als beabsichtigt war, und ich dachte ein weiteres Mal, wenn diese Leute sich überall so dämlich angestellt haben wie in meinem Fall, ist es kein Wunder, daß die Gesellschaft, die sie eigentlich schützen wollten, an ihnen kaputtgegangen ist.

Einen überdurchschnittlich großen Raum in der Akte nehmen die Tage zwischen dem 24. Mai und dem 13. Juni

1979 ein. Zur Erinnerung: Für den 6. Juni wurden die Ost-
berliner Schriftsteller ins Rote Rathaus gerufen, damit sie
neun ihrer Kollegen, darunter die Unterzeichner des Pro-
testbriefes an Erich Honecker, aus dem Verband aus-
schlössen. Es ist schon viel über diesen kleinen Schaupro-
zeß kleiner Stalinisten geschrieben worden, und ich
möchte auf die Wiedergabe einiger neuer, aber nur die Ein-
geweihten interessierende Details verzichten, obgleich es
für mich wichtig ist zu wissen, wer vom Präsidium für unseren Ausschluß war und mit welchen Argumenten, und
noch wichtiger: wer dann im Roten Rathaus gegen den
Ausschluß gestimmt oder sich wenigstens der Stimme enthalten hat. Das ist alles akribisch aufgezeichnet worden,
vier IM hatten nichts anderes zu tun, als sich die Leute zu
notieren, die sich nicht konform verhielten.

Eine Notiz, die die umstrittene Rolle Hermann Kants
betrifft, möchte ich der Öffentlichkeit allerdings nicht vorenthalten. Da berichtet der IM *Herz* über Kants Reaktion
auf Hermlins Rede, der gegen die Ausschlüsse plädiert und
die Versammlung danach verlassen hatte. »In der Pause der
Versammlung gab es Schwierigkeiten durch Hermann
Kant. Er fühlte sich vom Beitrag Hermlins beeindruckt
und machte zwei Vorschläge:

1. nicht abstimmen zu lassen, weil das Kräfteverhältnis
im Saal angeblich nicht zu ihren Gunsten stünde oder

2. um Mehrheit zu erreichen, wollte er damit Zwang aus-
üben, daß er sein Amt zur Verfügung stellt.«

Schon damals hatten wir den Eindruck, daß Kant sich in
seiner Rolle als Versammlungsleiter nicht gerade wohl
fühlte, und das taktische Pausengeplänkel, das hier festgehalten ist, korrespondiert mit unserem Urteil: daß er zwar
die Regie geführt, das Stück aber nicht angesetzt hatte.
Und letztlich siegte auch die Raison des Parteifunktionärs
über die Moral des Schriftstellers. IM *Herz* hält fest: »Kant
nahm Abstand von beiden Vorschlägen, nachdem Gen.
Schuchard und Höpcke mit ihm gesprochen haben.«

Wir hatten in der Zeit vom April 1974 bis zum August 1983
bis zu 102 Inoffizielle Mitarbeiter auf dem Hals. Die Zahl
der Akten beträgt dreizehn Bände mit insgesamt 3034
Blatt, nebst jener *Vorlauf*-Akte aus den Jahren 1963 bis 1969
mit siebzig Blatt. Alles ist sorgfältig archiviert, mit reiß-
festem Band und hornbrauner Plombe verschlossen. Nur
die Siegel-Nummern, die auf den Innenseiten der Akten
stehen und die auf den Plomben, sind merkwürdigerweise
nicht identisch.

Ich habe einen Roman gelesen, dessen Hauptfigur ich bin.
Warum habe ich mich nicht gefunden? Ich nehme an, es
liegt daran, daß sein Autorenkollektiv – der Oberleutnant
Holm, der Hauptmann Pahl, der Oberst Häbler und die
vielen anonymen Mitarbeiter – ihr Material, das mein Leben war, mit handwerklich unzureichenden, kolportage-
haften Mitteln bearbeitet und dabei den Gegenstand, die
lebendige Figur, ebenso grandios verfehlt haben, wie es in
jedem Trivialroman geschieht.

(1993)

Das doppelte Ich

Seine Ankunft im vereinigten Deutschland glich einer
Bruchlandung. Beinahe zehn Jahre war er vier Meter zwanzig, in Höhe der Berliner Mauer, über den Fragen balan-
ciert, die die Stadt, in der er geboren war, aufwarf: tastend
am Anfang, ängstlich bedacht, weder auf die östliche noch
auf die westliche zu fallen; später sicherer, souveräner und
in einem Tempo, das sich von dem auf festem Boden nicht

mehr groß unterschied. Manchmal ruhte er aus, die Beine übereinandergeschlagen, die Arme verschränkt, und warf einen Blick auf die so unterschiedlich gewachsenen Teile eines einstmals Ganzen. Nach fast einem Jahrzehnt beherrschte er seinen Balanceakt derart perfekt, daß er hin und wieder einen salto mortale wagte und seine Vorstellungskraft, es könnte je anders werden, im gleichen Maße abnahm, wie er immer wieder sicher auf der schmalen, im Halbkreis gewölbten Krone der Mauer aufsetzte. Kein Wunder, daß er stürzte, als sie so unerwartet unter ihm verschwand.

2

Die Person, von der die Rede ist, ging im April 1945, kurz vor Kriegsende, in den Gemüseladen schräg gegenüber, knallte die Hacken zusammen, riß den rechten Arm in die Höhe und rief: Heil Hitler! – Es ist ein Junge von acht Jahren, die Rote Armee steht zwei Kilometer von ihm entfernt, aber noch als Mann in reifem Alter hat er die wohlgefälligen Blicke der Erwachsenen vor Augen, als er mitten in der eingekesselten und von Artilleriefeuer belegten Stadt seiner Überzeugung Ausdruck verlieh, Deutschland werde den Krieg gewinnen! Und er erinnert sich des Gefühls der Ohnmacht, mit dem er, zwei Wochen später nur, in einem warmen Mai, die in Wäscheweiß getauchten Häuser seiner Straße wahrnahm, aus deren Fenstern zum Zeichen der bedingungslosen Kapitulation Bettlaken aller Größen hingen.

Beim Anblick der Sieger, die auf Panzern und Panjewagen durch die Straßen der zerbombten Stadt zogen, befiel ihn ein Gefühl heftigen Widerstrebens, das zwei Jahre anhielt und sich nur in imperativen Wörtern wie Nie! oder Niemals! ausdrücken ließ: Niemals wird Deutschland sich diesen Völkern unterordnen!

Zehnjährig las er fassungslos ein Heftchen, das durch kräftige blauweiße Streifen und ein rotes, spitz nach unten weisendes Dreieck ins Auge stach, nur zwanzig Pfennig der rapide verfallenden Währung kostete und Berichte überlebender Deutscher aus deutschen Konzentrationslagern enthielt. Er wird später sagen, daß diese Lektüre der Anfang eines Prozesses war, der in der absoluten Resistenz gegenüber nationalen Gefühlen endete.

Aber noch war es nicht soweit, noch nahm er die Aufteilung der Stadt, in der er geboren war, mit Kopfschütteln zur Kenntnis. Erst waren es, entsprechend der Zahl der Siegermächte, vier Sektoren, die jedoch bald zu zweien wurden: Ost und West, Kapitalismus und Sozialismus, eine Grenze mitten in der Stadt. Durch den Zufall der Geburt wohnte unsere Person mit einem Teil ihrer Familie im Osten, während der andere im Westen ansässig war. Das war anfangs nicht kompliziert, denn noch konnte man die Grenze passieren, indem man einfach die Straßenseite wechselte, aber es gab schon zwei Währungen, zwei Regierungen, zwei Lohn- und zwei Moralsysteme. Unser Mann nahm die Realität als gegeben hin, hielt sich hier wie dort auf (es war ja seine Stadt!), wuchs heran, wie ein Großstadtkind heranwächst, las mit brennendem Interesse, was beiderseits der Grenze an Gedrucktem erschien, goß Ströme von Wörtern der amerikanischen, russischen, französischen, deutschen Literatur in sich hinein, als wäre alles aus einer einzigen, reinen Quelle gespeist, und fühlte sich sechzehn- oder siebzehnjährig so weit mit Vernunft gerüstet, den Zustand einer geteilten Stadt nicht mehr widerstandslos hinzunehmen. Kurzentschlossen trat er unangemeldet in verschiedene westliche wie östliche Häuser, verlangte die Funktionäre zu sprechen und redete mit Engelszungen auf sie ein, sie mögen für das Ziel einer friedlichen geeinten Stadt, eines Landes, ihren Streit endlich begraben. Kapitalismus oder Sozialismus, Plan- oder Marktwirtschaft – egal, es geht um Deutschland!

Nur ungern erinnert er sich an die Reaktionen seiner Gesprächspartner, die zwischen dem lauernden Mißtrauen schwankten, mit dem man Agenten einer feindlichen

Macht begegnet, und der herablassenden Milde, mit der man Idioten behandelt. Allen gemeinsam aber war die eindringlich geäußerte Forderung, unser junger Mann käme nicht drum herum, sich für die eine oder die andere Seite zu entscheiden, konsequent und möglichst bald!

Wie er sich aber umsah und in sich hineinhorchte, entdeckte er eine eigenartige Veränderung an sich. Hielt er sich auf der westlichen Seite auf, fühlte er sich der östlichen verbunden. War er auf der östlichen, zog die westliche ihn unwiderstehlich an. Und je länger der Zustand dauerte, desto stärker wuchs eine Spannung in ihm, vergleichbar der Spannung, der ein Metallstück unterliegen muß, das den Kräfteströmen zweier gigantischer, gleichstarker Elektromagneten ausgesetzt ist. Aber statt auseinanderzubrechen, entdeckte er eine weitere Veränderung. Je dauerhafter die Teilung der Stadt sich erwies, desto stärker wuchsen in ihm zwei sich widersprechende, gleichwohl in der einen körperlich vereinte, Personen. Wer weiß, welches Ergebnis dieser eigentümliche Vorgang noch gehabt hätte, wäre er nicht durch ein in der Geschichte der Menschheit zwar nicht einmaliges, aber doch seltenes Ereignis unterbrochen worden. An der Grenze, die sechzehn Jahre durch ein einfaches Wechseln der Straßenseite passierbar war, wuchs eine Mauer aus unnachgiebigstem Beton, die achtundzwanzig Jahre stand und in einem November in sich zusammenfiel, der fast ebenso warm war wie der Mai des Jahres 1945.

3

Verlassen wir unsere Person, die eine Ähnlichkeit mit dem Autor nicht verleugnen will, denn um zum nächsten Abschnitt dieses kleinen Vortrages zu kommen, muß die reizvolle Verfremdung der dritten Person aufgegeben, muß die Perspektive gewechselt werden.

Eigentlich hätte dieser Abschnitt an die erste Stelle gehört, denn er soll die Schwierigkeiten ausdrücken, vor die ich, ein Autor, dem das Akademische eher fremd ist, gestellt bin. Ohnehin ist die Tatsache meiner Anwesenheit einem Entschluß zu verdanken, den ich, gegenüber meiner charmanten Einladerin, die mich zu *Lesungen* hierher bestellte, spontan faßte.

Lesungen? Klar. Aber indem ich zustimmte, folgte sogleich die Bedingung, ich müßte dann auch einen Vortrag vor einem gelehrten Gremium wie dem Ihren halten, was, nach kurzem Zögern, von mir ebenfalls bejaht wurde, aber nun eine neuerliche Forderung nach sich zog: Es müsse wegen der Vorbereitungen, die ein Kongreß mit sich bringe, sogleich der Titel genannt werden, unter den ich meine Worte setzen wolle, und schon zwischen Tür und Angel, und das naheliegende Thema der deutschen Vereinigung im Kopf, sprach ich die drei verhängnisvollen Wörter, die Sie im Programm ausgedruckt finden.

Da stand ich nun, den Kopf voller Fragen, im Herzen bang. Japan? –Was weiß ich von einer Kultur, die älter ist als die, in der ich aufgewachsen bin? Was erwartet ein Auditorium, für das ich, um es zu finden, erst den halben Weltball umfliegen muß? Und was will ich in einem Land, in dem ich mich, sprachdumm, wie ich bin, freiwillig in den Status eines Zwei- oder Dreijährigen versetze?

Das doppelte Ich – warum eigentlich doppelt? War ich nicht, wie man so sagt, gut beieinander, nach so langen Jahren endlich eins mit mir, eins mit meiner Trauer, meinem Haß, meinen schwarzen Träumen? Wuchs mein radikales (ich will nicht sagen: terroristisches) Potential nicht in gleichem Maß, wie sich meine Umwelt veränderte, und hätte ich deshalb nicht anderes zu tun, als Menschen, deren Welt mir unbekannt ist und von denen ich nur die Klischees der Kleinbürger kenne, über mein Befinden zu erzählen?

Kurz: Ich war schon bereit, alles wieder rückgängig zu machen, als mich beim Einschlafen die Vorstellung überfiel, ich hörte im Radio die Nachricht, das vierzig Jahre lang gespaltene, durch eine Mauer geteilte Tokio, ja das ganze zerrissene Japan sei durch einen glücklichen Zufall der Geschichte wieder vereint, vor dem Meiji-Schrein hätten sie sich in den Armen gelegen, die Ost- und die Westjapaner, und hätten im glückstrunkenen Jubel ein Feuerwerk entzündet, wie es der lange Zeit unzugängliche, weil im *Grenzgebiet* liegende Tempel, der einem Tokioter ebenso wichtig ist wie einem Berliner das Brandenburger Tor, seit langem nicht gesehen habe. Und indem mich eine freudige Sympathie mit dem endlich wieder vereinten japanischen Volk verband, wußte ich, daß ich die Reise nicht absagen durfte, daß ich reden müßte und daß der erste Absatz meines Vortrages mit dem Satz zu beginnen hätte: Zweieinhalb Jahre nach der deutschen Vereinigung ist das Land tiefer gespalten als je zuvor.

4

Die Behauptung ist zu begründen. Erlauben Sie mir also, bei der Beschreibung meiner deutschen Befindlichkeit abermals in die Vergangenheit zu tauchen und meine dritte Person als Fundstück einer untergegangenen Gesellschaft an die Oberfläche zu holen. Wir haben diesen Mann verlassen, als eine Mauer ihn einschloß. Ich bin befugt zu sagen, dieser Vorgang hat ihn überrascht. Mehr noch: erschüttert. Aber saß er in der Falle? Ich glaube: nein. So naiv, so objektverhaftet, wie ich ihn vorhin skizziert habe, war er nicht. Er hatte ja all die Jahre, von der Kindheit an, mit offenen Augen gelebt, hatte die unterschiedlich wachsenden Systeme dieser Stadt, die langsam, aber sicher zwei Städte wurden, beobachtet: den wuchernden, energiegeladenen, bunten, aber auch harten, konkurrenzbetonten Westen; den plebejischen, sich mühenden, ständig zur plagenden Auseinandersetzung zwingenden Osten mit seiner Idee von einer neuen, grundsätzlich anderen Welt. Neu – gut und schön. Aber grundsätzlich anders? Warum? Da hatten die Bilder, die Muster doch vor ihm gelegen, gleich nach dem Krieg, in den ersten Büchern, den ersten Illustrierten: die achtspurige Autobahn, die in die Traumstadt Los Angeles führt; die atemberaubenden, babylonischen Türme von Manhattan; die schnittigen, alle Sinne reizenden Formen eines *Buick* oder *Chevrolet*; eine neue, schwingende Musik hatte ihn gefangengenommen, eine Lässigkeit des Verhaltens, die ihm als Inkarnation individueller Freiheit erschien, ein mächtiger Atem von Modernität und Jugend wehte herüber zu ihm, der viele seiner Freunde so in den Bann zog, daß sie von einem Tag auf den anderen die Straße überquerten und nicht mehr zurückkamen.

Warum folgte unser Mann ihnen nicht? Ein Masochist, der die rigiden Umerziehungsprogramme der frühen ostdeutschen Jahre genoß, war er bestimmt nicht. Hitler konnte er nicht so einfach gegen Stalin austauschen. Zu ähnlich schien ihm das Pathos, mit dem sich beide Männer als Heroen stilisieren ließen. Auch das erklärte Programm der neuen Ordnung, dem Schwächeren auf die Beine zu helfen, wenn der – das Ziel schon vor Augen – neben ihm stürze, nahm er – die Sätze seiner Mutter im Ohr, er müsse immer, wenn nicht der erste, so doch einer der ersten sein, müsse die Spitze erklimmen, gleich, was es koste – eher mit einem mitleidigen Lächeln zur Kenntnis. Auch die großartig verkündete Neuerung in der Wirtschaft, nach der die großen Betriebe nun nicht mehr einzelnen Personen oder Geldgesellschaften, sondern dem ganzen Volk gehören sollten, schien ihm anfangs zu abstrakt und unwirklich, wenn auch nicht ohne Reiz. War er, dessen Urgroßväter noch Bauern und Schwarzviehhändler, dessen Großväter Kutscher und Schneider gewesen, dessen Vater in hundert Tätigkeiten durch die Wirren der Weimarer Republik getaumelt war, ehe er als Hilfsarbeiter in einer großen Druckerei landete, war er also, der mit Mutter und Schwester in einer 1-Zimmer-Wohnung im Arbeiterviertel Prenzlauer Berg aufwuchs, war er nicht Volk? Und als er, fünfzehnjährig, ein Laborantenlehrling war, wurde er von seinem Betriebsdirektor, der vorher ein Schlosser gewesen war, so ernst und eindringlich nach seiner, des Lehrlings, Meinung über die Perspektive ihres volkseigenen Betriebs gefragt, daß er die Frage, ob er Volk sei, mit ja beantwortete.

Daß diese Vorstellung nicht lange Kraft behielt, sei am Rande vermerkt. Sie allein hätte ihn auch nicht zum Bleiben bewegen können.

Warum also –? Vielleicht gibt ein Gedicht Auskunft darüber. Er las es, als er schon über zwanzig, die Mauer gebaut war, aber es schien ihm wie die Zusammenfassung aller Wörter, aller Sätze, die er über die vergangene deutsche, die nationalsozialistische Zeit gelesen und die seine Haltung geprägt hatten. Es war ein Gedicht von Paul Eluard, das er in Stephan Hermlins »Nachdichtungen« fand, und die Zeilen, die sich ihm ins Hirn brannten, hießen: *Alles muß anders werden oder Tod läßt nieder / Tod ist zu schlagen oder die Wüste kommt.*

Im Spannungsfeld der sich weiterhin antagonistisch gegenüberstehenden Machtblöcke fand er auch eine Erklärung für die Teilung seines Landes, seiner Stadt. Seit es gegründet wurde, dieses Deutsche Reich, in Versailles übrigens, nach dem Sieg über Frankreich – seit 1871 also war es Verursacher zweier schrecklicher Weltkriege geworden. Im Krieg geboren, war es im Krieg untergegangen. Sollte es in seiner geopolitischen Dimension eine so explosive Größe erreicht haben, daß es nur durch Teilung entschärft werden konnte; und daß nur eine Struktur, die ökonomisch nicht nach Expansion strebte, die Teilung rechtfertigte?

Daß er sich dieser Erkenntnis nicht vorbehaltlos hingab, muß unterstrichen werden. Der Realität seines Lebens in dem einen, durch eine Mauer umschlossenen Land fügte er die nun medial, durch Rundfunk und Fernsehen, durch geschmuggelte Bücher und Zeitschriften vermittelte Realität des anderen Landes immer hinzu. Was blieb, war ein Unbehagen. Ein von Defiziten geprägtes Lebensgefühl, das zu benennen er erst in der Lage war, als in Prag der Versuch gestartet wurde, die autokratische Herrschaft eines

Parteiordens durch ein massengestütztes, demokratisches Fundament zu ersetzen; als in Paris, Berkeley und Westberlin der Krieg, Hunger und Abhängigkeit produzierenden, autoritären Kapitalmaschine erstmals nach der Restauration Widerstand entgegengesetzt wurde. Jetzt ahnte er, daß alles, was vorher bestand, nur eine Alternative zwischen zwei Übeln gewesen war und daß die Zukunft, wie er einmal gelesen, nicht in der Wahl zwischen Kreml und Weißem Haus, zwischen Bahnhof Friedrichstraße und Bahnhof Zoo liegen konnte.

Fortan war sein Weg (den manche den Dritten nennen) von der Suche nach dieser Alternative bestimmt, und es scheint folgerichtig, daß er in seinem ummauerten Land zu den Kritikern des Systems gehört, wie es folgerichtig ist, daß wir ihn, der durch glücklich oder unglücklich zu nennende Umstände doch noch in den Westen gelangt, dort finden, wo die heiligen Kühe des Bürgertums infrage gestellt werden.

5

Genug! Der Schatten der Vergangenheit möge zurücktreten. Wir leben im Heute, das gestern noch das Morgen war. Nur, daß wir mit einem solchen Morgen nicht gerechnet hatten. Daß die Sonne eines Tages aufgeht »und schön wie nie über Deutschland scheint«. Ich nehme an, Sie haben die Fernsehbilder von den Montagabenden gesehen, an denen eine dunkle Menge über den Leipziger Ring marschierte. Wir sind das Volk! rief sie und erinnerte die alten Männer im Wandlitzer Politbüro-Getto an ein Versprechen, das vor vierzig Jahren gegeben und nie eingelöst worden war. Ich nehme auch an, Sie kennen die Bilder des Samstages, an dem auf dem Berliner Alexanderplatz eine halbe Million Berliner, Ost-Berliner!, für eine neue Deutsche Demokratische Republik demonstrierten. Und die Bilder der Nacht, in der die Mauer fiel. Sehen Sie noch die Gesichter der Menschen vor sich, die nach achtundzwanzig Jahren Isolation in die westliche Warenwelt einfielen wie in ein Paradies? Die staunend vor den Produkten einer hochentwickelten Massenfertigung standen und nicht fassen konnten, was diese Welt alles zu bieten hat? Den hallenden Sprechchor auf dem Leipziger Ring, der nun rief: Wir sind *ein* Volk!, habe ich noch im Ohr. Die Frage, ob die Wortführer der ersten und der zweiten Losung identische Personen waren, will ich nicht stellen. Sie ist für mich unerheblich, denn aus der Zeit, in der man die Grenze noch durch einfaches Wechseln der Straßenseite überwinden konnte, weiß ich, wie erniedrigend der Zustand ist, wenn man vor einem prall gefüllten Schaufenster steht und hat das falsche Geld in der Tasche.

Wir sind ein Volk –

Es kam – ebenso prompt wie überraschend – von westlicher Seite das Angebot einer Währungsunion. Es kam eine Wahl im Osten mit eindeutigem Plazet für die Deutsche Mark und die Parteien, die den schnellen Anschluß der DDR an die BRD nach Artikel 23 der bundesrepublikanischen Verfassung favorisierten. Es kam der 3. Oktober 1990, der Vereinigungstag. Weniger als ein Jahr war vergangen ...

Wer immer das Rad der Geschichte auf Schnellen Vorlauf (oder war es der Rücklauf?) gestellt hat, an die Folgen kann er nicht gedacht haben. Wie sonst wäre der vollkommene Zusammenbruch der östlichen Wirtschaft zu erklären? Wie die Tatsache, daß rund die Hälfte der arbeitenden Bevölkerung nach der Vereinigung entweder die Arbeit verlor, in den Vorruhestand, die Rente oder die Umschulung geschickt bzw. anderswie *abgewickelt* wurde? Ein neues Rechtssystem legte sich über die gut einhunderttausend Quadratkilometer zwischen Elbe und Oder, das selbst die gelernten Juristen des Ostens in den Wissensstand von Zwölfjährigen katapultierte. Und das Prinzip *Rückgabe vor Entschädigung*, das die westlichen Politiker bei den Übergabeverhandlungen gegen den Willen der östlichen durchsetzten, nennen die Makler den größten Immobilien-Deal dieses Jahrhunderts. Über Nacht machte es die Nachkommen Geflüchteter, Übergesiedelter oder vor Jahren Enteigneter zu Besitzern von Grundstücken, Häusern, Fabriken, deren Verkehrswert innerhalb von Stunden auf das Zehn- bis Hundertfache gestiegen war.

Und unser Bereich, die Kultur? An den Fingern zweier Hände kann abgezählt werden, welche östlichen Institutionen überlebten. Die Verlage brachen ebenso schnell zusammen wie die Zeitungen, die Zeitschriften. Der Schriftstellerverband löste sich auf, auch der Verband der Journalisten, der Theater-, der Filmschaffenden. Eine ganze kulturelle Struktur, die freilich der Reform bedurft hätte, wurde, als sie mit dem Reformieren begann, durch Entzug der Mittel zum Verschwinden gebracht.

Ich habe diesen Prozeß, der von seinen Beobachtern wechselweis Paradigmen- oder Elitenwechsel genannt wurde, mit angehaltenem Atem verfolgt. Was eben noch ein völkerrechtlich anerkannter, in den Vereinten Nationen repräsentierter Staat war, galt über Nacht als ein durch nichts denn durch Zwang legitimiertes Unrechtssystem. Politiker, deren Reputation beträchtlich gewachsen wäre, hätten sie einem Politbüromitglied die Hand drücken dürfen, betrieben nun mit rigorosem moralischen Anspruch dessen strafrechtliche Verfolgung.

Von meinen Kollegen will ich nicht schweigen. So radikal habe ich Intellektuelle mit entwickeltem kritischen Verstand selten die Meinung wechseln sehen. Was vor Tische noch als gesicherte Erkenntnis über die DDR galt, war beim Dessert nicht einen Heller mehr wert. DDR-Literatur? Hatte es so etwas überhaupt gegeben? Und wenn ja, war sie dann nicht grundsätzlich neu zu bewerten? Hatten ihre Produzenten mit ihrem Dableiben die Existenz jenes zusammengefallenen Staates, der nun die Zweite Deutsche Diktatur genannt wurde, nicht entscheidend verlängert? Waren sie also moralisch nicht in jedem Fall zweifelhafte Existenzen?

Worum es eigentlich ging, habe ich lange nicht verstanden. Jedenfalls ging es nicht um Sprache, um Geschichten, um Qualität. Vielleicht um Verdrängung, um Vorteile beim Kampf um die Plätze auf dem Literaturmarkt. Bestimmt aber ging es, auch wenn es selten ausgesprochen wurde, um Gesinnung. Die Attacken der pluralistischen, plötzlich wie aus einem Munde redenden Presse der BRD galten den Verfechtern eines zweiten deutschen Staates; galten den Personen, die die Ideale der Gleichheit und sozialen Gerechtigkeit nicht mit dem System, das diese zu repräsentieren vorgegeben hatte, untergehen lassen wollten; jenen, die den Mehrwert nicht für eine Erfindung, sondern für eine Entdeckung Marxens hielten.

Am klarsten wurde mir dieser Prozeß, der mit dem Begriff der geistigen Kolonisierung vage beschrieben ist, beim Umgang mit den sogenannten Massenmedien des Ostens. Vierzig Jahre hatten wir die Medien des Westens gehört und, als es möglich wurde, auch gesehen. Damals machte eine Anekdote die Runde: Würde in der DDR ein Staatsstreich geschehen und würden die Putschisten, wie es sich gehört, zuerst den Fernsehsender besetzen, um ihre Erklärung zu verlesen, die Leute in der DDR erführen es erst, wenn sie abends, um 20 Uhr, die Nachrichten des Westsenders, die Tagesschau, einschalteten ...

Nach dem Honeckersturz aber sah und hörte man fast nur noch die Medien des Ostens. Das Fernsehen, der Funk: wie von Fesseln befreit. Dabei waren es doch, von den Chefs mal abgesehen, dieselben Leute. Kritischer, analytischer Journalismus, der sich von den lauen, auf Unterhaltung orientierten Westsendern wohltuend abhob. Und wie wichtig wurde er bei dem Beginn der – ich sage mal: Bewältigung der letzten vierzig Jahre. Die Leute wußten, wovon sie sprachen; sie waren ja beteiligt gewesen. Jetzt aber, nach dem Vereinigungstag, ihre konsequente Demontage durch die eingesetzten westlichen Chefs, die den Verdacht nahelegte, es sollte ein intellektuelles Potential zerstört werden, das der Umwertung aller Werte des Ostens Widerstand hätte entgegensetzen können: massenwirksam.

Ich will keiner Verschwörungstheorie das Wort reden. Die deutsche Wende kam für die Menschen im Westen einschließlich der Politiker genauso überraschend wie für die im Osten. Aber wenn Leute den Prozeß der Vereinigung lenken, deren analytisches Vermögen sich auf die Schemata Demokratie/Diktatur oder Pluralismus/Totalitarismus beschränkt, können sie nicht sehen, daß vierzig Jahre des Lebens in ökonomisch, gesellschaftlich anderen Strukturen die Mentalität eines Volkes verändern. Es ist ein Unterschied, ob man mit dem Lied Kleine weiße Friedenstaube aufwächst oder mit Tom-und-Jerry-Heften. Nun stehen sich in Deutschland zwei Völker gleicher Nation mit unterschiedlicher Mentalität gegenüber, und das wäre nicht schlimm, wenn sie eine gleiche Ausgangssituation hätten. Aber die einen werden als Sieger, die anderen als Verlierer gehandelt.

Wenn ich mich in diesen Tagen über die Chronologie der Ignoranz, der fahrlässigen Unwissenheit beklage, werde ich oft gefragt, warum ich so am Osten, der mir doch übel genug mitgespielt habe, hinge. Ich sei schließlich nicht grundlos von dort weggegangen. Verflucht, antworte ich, es ist mein Leben. Genügt das nicht?

Friedrich Dieckmann, ein ostdeutscher Geist, dem es nach der Wende nicht die Sprache verschlug, hat den Zusammenschluß beider deutscher Staaten mit der Hochzeit zwischen dem armen, aber braven Mädchen und dem nicht gerade ansehnlichen, aber reichen Mann verglichen.

Er hat recht. Es war eine Geldheirat.

6

Um jedem Mißverständnis vorzubeugen: Von der DDR, wie ich sie kannte, habe ich mich gern verabschiedet. Nicht aber von einer Deutschen Demokratischen Republik, wie sie auf dem Leichnam eines an Arroganz und Inkompetenz erstickten Machtapparates hätte wachsen können. Ihr Bild steht mir nur unvollkommen vor Augen, wie hinter einem Morgennebel. Daß sie ein Traum ist, will ich gern zugeben. Auch daß der Träumer nicht viele sind. Die Toten des Krieges sind vergessen, und der Traum der Vernunft ist nicht mehrheitsfähig. Wenigstens nicht zur Zeit.

Zu viele Molltöne? Kein bißchen Hoffnung? Nicht die Spur Optimismus? Wir, die wir im Osten gelebt haben, definierten den Optimismus immer als einen Zustand mangelnder Information. Aber ich hoffe, ich irre mich. Ungerecht war ich ohnehin. Ich nahm das böse Wort von der Kolonisierung in den Mund, wo es doch lediglich darum geht, die Reste des Landes, das sich einst DDR nannte, BRD-kompatibel zu machen. Freilich, ohne die Menschen darin ginge es unkomplizierter.

In den Wochen, da die Mauer von Tag zu Tag löchriger wurde, hatte ich das, was man ein déjà-vu-Erlebnis nennt. Es war, als liefen alle Erscheinungsbilder, die ich von meiner Stadt im Gedächtnis hatte, vor mir ab: die heile Stadt, die den Krieg noch nicht kannte; die Stadt während der Bombenangriffe, die zertrümmerte Stadt; die Stadt des Nachkriegs, die aussah, als wäre sie eine Stadt, und war doch zwei Städte; die Stadt, die schließlich die Mauer trennte. Jetzt, mitten in der Ödnis des Potsdamer Platzes (auf dem Sony und Mercedes bauen werden), die Vorstellung, alles liefe rückwärts: Die Stadt mit der Mauer verschwand; wieder lag vor mir die Stadt, die aussah, als wäre sie eine, und war doch zwei; die Stadt des Nachkriegs und die Stadt des ... – Ich lief nach Hause.

Haben Sie auch gehört, daß der französische Präsident, angesichts der Völkerkonflikte, die durch das zusammenbrechende Sowjetreich ausgelöst wurden, gesagt haben soll: Vorwärts ins 19. Jahrhundert –? Vielleicht werden Historiker die Jahre dieses ausgehenden zwanzigsten als die Jahre der Neukonstituierung des nationalen Bewußtseins benennen. Der deutsche Lümmel jedenfalls reckt sich wieder. Seine rechte Hand steckt Ausländerheime in Brand; sein Mund spricht von der »gestiegenen Verantwortung des neuen größeren Deutschlands, seine Rolle in der Welt wahrzunehmen«, und von der nötigen Bereitschaft auch zu »friedenserzwingenden Maßnahmen«. Ich wette, beim nächsten, spätestens übernächsten Krieg sind wir wieder dabei.

Unsere dritte Person, die von sich sagt, sie sei ein Auslaufmodell des Baujahrs 1937, richtet sich darauf ein, daß wieder gilt, was vierzig Jahre zu den Überlebensstrategien des kritischen Geistes in Mitteleuropa gehörte: Man muß schizophren sein, um nicht verrückt zu werden.

7

Unsere Person verabschiedet sich. Sie hat mehr Fragen hinterlassen, als sie Antworten geben kann. Sagen Sie ihr nach, sie sei zu pessimistisch, zu unmodern, zu undiszipliniert, zu konzeptionslos, zu unbeweglich, oder sagen Sie, sie sei zu kommunistisch, zu anarchistisch, zu germanozentristisch, zu wenig anpassungsfähig. Sagen Sie ihr alles nach, aber sagen Sie nicht, sie böte keinen Stoff für einen Roman!

(1993)

Kies für die Hauptstadt
Notizen für eine Chronik

Alt-Rosenthal. 21. 9. 93, 11 Uhr. – Intensiver Traum, zerfallen im Gekreisch der Säge meines Nachbarn, der so unverdrossen an seinem Haus baut, als wäre es für die nächsten hundert Jahre. Dennoch Hochgefühl: Drei Tage Sonne nacheinander hätten wir diesem erbärmlichen Sommer nicht mehr zugetraut. Schon vor einem Monat haben sich die Störche gesammelt, letzte Woche Formationsflüge schreiender Wildgänse. Nur die Stare halten noch aus. Geschärfter Blick für die Natur, für die herbe Schönheit dieser Landschaft, seit sie bedroht ist. Am Sonntag ein roter Milan, der wie versteinert am frisch geeggten Feldrand saß.

Statt am Roman schreibe ich Notizen für eine kleine Chronik des Vorwerks. Gutsbesitz der Familie Hardenberg seit Anfang des 19. Jahrhunderts. Schlacht um die Seelower Höhen; vierzigtausend Tote. Bodenreform, Siedler mit der gedehnten Aussprache der Ostpreußen. Kollektivierung; zwei Dörfer weiter die erste LPG in der DDR. Jetzt proben ein paar junge Leute zwei Dörfer weiter den ökologischen Landbau ...

Die böse Nachricht schon im Winter. Tagelang wie benommen. Wutanfälle, ja Haß. So lange hat es eine politische Macht nicht geschafft, uns zu vertreiben, und nun soll es dem Geld gelingen? – Seit 73 sind wir hier. Neun Häuser, zwischen den welligen Feldern zweier Dörfer gelegen. Fast die Hälfte stand leer damals. Die Alten waren gestorben oder ins Dorf gezogen, in Konsumnähe. Wir waren vier Familien, fuhren mit Kind und Kegel sommers und an den Wochenenden heraus. Renovieren, Dachdecken, Diskutieren. Bald ein Refugium in den zähen Kämpfen mit der Bürokratie. Ist die Genese von Romanen, Erzählungen, Gedichten chronikwürdig? Ruhe bis zum Protest gegen Biermanns Ausbürgerung. Jetzt Flüge von MiGs dreißig Meter über unseren Häusern hinweg. Kampfgruppenübungen. Objekte intensiver Ausforschung. Laut Akten des MfS hatte eine *Operation Vorwerk* das Ziel, die *Ansammlung feindlich-negativer Schriftsteller* wie Plenzdorf, Stade, Schlesinger und Wegner zu zerstreuen ...

Letztes Frühjahr stand fest: Der Hardenberg-Erbe, der sich um Rückgabe des enteigneten Landes bemüht, hat es einer westlichen Firma namens Ready Mix *vermakelt*. Zwischen den beiden Dörfern, auch unterm Vorwerk, liegt Kies. Probebohrungen sind, nach Bundesrecht, schon genehmigt. Aufregung überall, jedes Gespräch im Dorf, in der Kneipe, ist nach dem dritten Satz beim Kies. Keine Gemeinde, stellt sich heraus, ist gefragt worden. Und keine Gemeinde will es. Die immer wieder getroffene Feststellung, daß alles so läuft wie früher: über die Köpfe der Leute hinweg. Und Arbeitsplätze? Die Technologie ist hochmechanisiert. Dafür Transporte im Fünfminutentakt. Hier setzt man auf sanften Tourismus und Landwirtschaft. Aber das kennen wir doch, sagt D. ironisch. Alle Kraft für unsere Hauptstadt!

Wenigstens gibt es Aufbegehren. Bürgerinitiative, Zeitungsartikel, sogar Fernsehen. Unermüdlich im Organisieren Herr E., ein Arzt aus dem Westen, der vor einem Jahr hier ein Haus gekauft hat. Bisher kaum Kontakt. Guten Tag, guten Weg. Jetzt das erste Mal länger mit ihm gesprochen, natürlich über Aktionen gegen den Kiesabbau. Überraschende Dialektik der Vereinigung. Was mich krank macht, ist allein, daß wir uns erst bewegen, wenn es uns selbst betrifft.

Nachmittag. – Die Macht des Fernsehens. Seit die Bilder von den zerfallenden Innenstädten, den maroden Industrieanlagen über die Sender gelaufen sind, kann ich im Westen keinem mehr klarmachen, daß sie nur die halbe, auch – die viertel Wahrheit zeigten. Ungläubigkeit, wenn ich behaupte, daß Dreiviertel des Landes, das einst DDR hieß, noch so aussieht wie vor fünfzig Jahren. Daß es Wahnsinn sei, es mit der gleichen Intensität zu zersiedeln und mit Beton zuzuschütten wie einst den Westen. Der Osten, sagen ihre Gesichter, der Osten ist Bitterfeld.

20 Uhr. – Das letzte Heu zu P. gefahren. Spaziergang Richtung Wald, wie fast jeden Tag. Es wäre übertrieben, würde ich sagen, wir spazierten über die Wege, als täten wir es das letzte Mal. Ohnehin zogen Wolken auf. Ein heftiger, prasselnder Regen. Danach und den ganzen Abend über feuchte, subtropische Wärme.

(1993)

Macht, Literatur, Staatssicherheit

Wenn eine Leiche seziert wird, stinkt es. Soll es uns wundern, wenn uns aus dem freigelegten Innenleben eines dahingeschiedenen Staats-Organismus Faulgase übelster Art in die Nase steigen? Dennoch ist die Sektion nötig, will man wissen, an welcher Krankheit der Verstorbene litt und warum er an ihr zugrunde gegangen ist.

Im Fall des gesellschaftlichen Körpers DDR wird die Ursache inzwischen am häufigsten im Raubbau gesehen, dem Leben von der Substanz, dessen mildeste Form sich im Export des Pflasters ganzer alter Dorfstraßen Richtung Westen ausdrückte. Als zweite Ursache wird meist die Auszehrung innovativer Kräfte genannt, in dem ein absolut grob reagierendes Immunsystem alle auch nur gering von der Norm abweichenden Organismen als körperfeindlich verkannte. Es gibt aber auch die Ansicht, er – der Körper – wäre eine Art Humunkulus gewesen, ein so künstliches Gebilde, daß der Ausfall seiner 3 000 Autokilometer östlich gelegenen Moskauer Steuerungszentrale, unabhängig von der eigenen Beschaffenheit, zur Funktionsuntüchtigkeit führen mußte.

Wie dem auch sei. Die Krankheit, von deren Auswirkungen ich Ihnen erzählen will, wäre mit dem Instrumentarium der anatomischen Pathologie oder der Immunbiologie ohnehin nicht zu erkennen. Der Ort ihrer Verheerungen ist das Bewußtsein, in dem sich »aus inneren Ursachen schleichend ein unerschütterliches, dauerndes Wahnsystem entwickelt, das mit ... Erhaltung der Klarheit und Ordnung im Denken, Wollen und Handeln einhergeht« – so wird die Paranoia laut Klinischem Wörterbuch definiert.

Natürlich findet sie auch einen materiellen Ausdruck. Im Fall unseres Staatskörpers war es ein riesiges, penibel gesichertes Areal in Berlin-Lichtenberg: Das Ministerium für Staatssicherheit.

Ich muß vorausschicken, daß ich nicht zu denen gehöre, die die überstürzte Vereinigung der beiden deutschen Staaten als einen Segen für Europa oder die Welt betrachten. Aber ich will auch nicht den Moment der Freude verhehlen, den ich empfand, als die Herrschaft der SED, jener Einheitspartei, die uns dreißig, vierzig Jahre lang in Atem gehalten hatte, so plötzlich zu Ende ging. Ich erinnere mich noch genau, daß mein erster Gedanke der war, daß ich nun Chancen hätte, an meine Geheimdienstakte zu kommen, und noch bevor die Übergangsregierung so richtig installiert war, habe ich daran gearbeitet, sie einsehen zu können.

Die zwei Jahre, die ich warten mußte, haben sich gelohnt, und ich denke, es ist nicht zu hoch gegriffen, wenn ich mein Aktenstudium zu den wichtigen Ereignissen in meinem Leben zähle. Wieder einmal mußte ich Positionen, die ich für gesichert hielt, radikal revidieren. Wieder einmal mußte ich einsehen, daß der Stoff der Wirklichkeit von einer Konsistenz ist, die sich der Fixierung auf das Wort der Phantasie chamäleongleich entzieht.

Drei Wochen saß ich in einem nüchternen Lesesaal des ehemaligen Ministeriums für Staatssicherheit und hatte die exklusive Gelegenheit, ein wichtiges Stück meines Lebens aus der Perspektive eines Geheimdienstes zu betrachten. Von den vielen Überraschungen, die ich erlebte, will ich hier nicht reden; auch nicht von dem Wechselbad der Gefühle, das mich bei der Lektüre heimsuchte. Ich weiß auch schon nicht mehr genau, welches Gefühl überwog: das der Heiterkeit über die Vergeblichkeit aller Bemühung, unser Leben in einen Aktenvorgang zu bannen, oder der Schmerz über diesen Angriff auf den humanen Kern einer großen Idee. Aber eines ist mir in Erinnerung geblieben: die heftige Enttäuschung darüber, daß ich in meinen Akten tatsächlich Berichte *Inoffizieller Mitarbeiter* gefunden hatte, die ich auf den zweiten Blick als mir nahestehende und von mir geschätzte Kollegen erkannte. Der Schock saß tief. Das hatte ich nie und nimmer erwartet. Schriftsteller, die der Macht konspirativ zuarbeiten?

Dreißig Jahre habe ich in der DDR gelebt, die Hälfte der Zeit als das, was man einen freien Autor nennt. Zur sogenannten Literatur-Gesellschaft stieß ich Anfang der siebziger Jahre, als mein erstes Buch veröffentlicht wurde, und ich fand sehr schnell zu jener Gruppe Autoren, die auf eine unausgesprochene Weise miteinander verschworen waren. Das Band, das uns vereinte und eine verbale Verabredung unnötig zu machen schien, war die Literatur. Wir sagten: *engagierte* Literatur – ein Begriff, den Günter Grass schon damals als Pleonasmus bezeichnete. Wir wußten wahrscheinlich selbst nicht so genau, was wir damit meinten, aber in den vagen Definitionen, die wir uns leisteten, schälten sich zwei Kriterien heraus: die Parteinahme für die Schwächeren und ein kritisches Verhältnis zur Macht.

Die Macht, die uns gegenüberstand, hatte ein Doppelgesicht. Sie stellte sich einerseits als Vertreterin einer sozialen Schicht, einer Klasse dar, der anzugehören nicht wenigen von uns in die Wiege gelegt war, und sie vertrat emanzipatorische Ideale, die auf unsere sozialen, also persönlichen Interessen stießen – auch wenn diese Ideale oft in krassem Widerspruch zur Realität standen.

Andererseits war es eine Macht, die als Folge eines verlorenen Krieges entstanden war, eine Macht, die wir nicht auswählen, die wir unter Berufung auf die Ideale nur beeinflussen, in ihrer Substanz vielleicht verändern konnten. Verändern, indem wir den ideellen Anspruch und die Realität mit der Elle der Wahrheit maßen, mit der Wahrheit unserer Geschichten, der Wahrheit der Literatur. Das war die Antithese zur herrschenden Ästhetik, die die gewünschte Veränderung des Menschen, wenn sie schon nicht in der Realität stattfand, wenigstens in der Literatur vorfinden wollte. *Positiver Held* hieß diese Schimäre des Versuchs, eine widerspruchsreiche Wirklichkeit durch idealtypische

Figuren zu überlisten, und seine deutschdemokratische Variante kann in einer Vielzahl Bücher besichtigt werden, bei denen das affirmative Muster derart penetrant hervortritt, daß man schon auf der ersten Seite weiß, welche Entscheidung der Protagonist auf der letzten treffen wird.

Wahrheit war also das Credo, mit dem meine Generation antrat, die Wahrheit der Geschichte, die Wahrheit des Wortes, die Wahrheit der Erfahrung. Das setzte Ehrlichkeit voraus: gegenüber dem Material, das uns die Realität lieferte, aber auch im Umgang mit uns, mit anderen. Eine extrem moralische Haltung, zugegeben, die als Konsequenz die Einheit von Person und Werk verlangte. Suspekt ein Autor, der mit seinen Büchern keine Schwierigkeiten bei der Veröffentlichung hatte. Suspekt ein Autor, der dem Verlags-, dem Ministeriumsdruck nachgab und seinem Text durch Änderung die Authentizität, die Wahrheit nahm. Suspekt natürlich auch das Lob der Macht. Ein Satz über den zum Gründungstag der DDR jährlich vergebenen, hervorragend dotierten Nationalpreis ist mir noch im Gedächtnis: Das Geld sei ja ganz schön, aber *die* Schande ...

Daß ein Schriftsteller, der mit Verstand, List und notfalls mit Wutanfällen auf seiner Wahrheit bestanden und einen Text durchgesetzt hatte, sich anderntags in einer konspirativen Wohnung treffen und über seine Kollegen berichten konnte, entzog sich meinem Vorstellungsvermögen. Er hätte irgendwann ja gesagt haben müssen zu dem Angebot, das uns allen einmal gemacht wurde: in *legendiert* herbeigeführten Treffen mit Personen, die sich erst, da sie in der Tür standen, als Mitarbeiter der Sicherheitsorgane auswiesen und in einer Kombination aus Drohung und Schutzgebärde um Kooperation warben. Daß ich sie nicht schon an der Tür abgefertigt hatte, als sie, Mitte der Sechziger, überraschend bei mir auftauchten, hat lange Zeit an mir genagt, und ich habe Stoßgebete zum Himmel gesandt, daß sie noch einmal auftauchen mögen, damit ich sagen könne, was ich von ihnen hielte.

Drei Jahre hat es gedauert. Der Mann, der seinen roten Klappausweis wieder erst öffnete, als er im Zimmer stand, wollte sich, wie er sagte, ein Stündchen mit mir unterhalten. Nach 15 Minuten stand er wieder vor der Tür. Länger hatte ich nicht gebraucht, um ihm zu sagen, daß ich mit seiner Instititution nichts, aber auch gar nichts zu tun haben wollte.

Es waren individuelle Erfahrungen, die uns zeigten, daß der Macht Grenzen gesetzt sind, und ich weiß noch genau, daß es damals für uns Ziel jeder neuen Gedichtzeile, jeder neuen Novelle, jedes neuen Dramas war, diese Grenzen zu verschieben, die freien Räume zu vergrößern. Heute kommt es mir vor wie das Ringen zweier höchst ungleicher Körper um den Platz im moralischen Zentrum der Gesellschaft. Die politische Macht, der es gelungen war, ein 17-Millionen-Volk in all seinen Verästelungen monopolartig zu beherrschen, mußte eine Macht zur Kenntnis nehmen, die sie in ihrem Schoß geboren hatte: die Literatur der DDR.

Paradox, daß es gerade in einem Moment geschah, in dem sie, die politische Macht, mit einem Faustschlag auf den Tisch des Hauses die vermeintlich wahren Kräfteverhältnisse klarstellen wollte. Ich glaube, es war ein Dienstag im Oktober des Jahres 1976, als wir über die Medien von der Ausbürgerung des Liedermachers Wolf Biermann erfuhren. Einen Tag später hatte ein Dutzend unserer Kollegen eine Protestresolution verfaßt und mit der Veröffentlichung in den westlichen Medien das Informationsmonopol der Partei gebrochen. Weit mehr als hundert Schriftsteller und Künstler, die sich dem Protest anschlossen, stellten quasi über Nacht etwas her, was sich im Nebel der von der Partei kontrollierten Öffentlichkeit nur noch undeutlich abgezeichnet hatte. Fortan war namhaft, wer die Moral über das Fortkommen, die Glaubwürdigkeit über den Nationalpreis, die Wahrheit über die Ideologie stellte, und ich bin mir sicher, daß dieser öffentliche, spontan sich organisierende Protest den geistigen Erosionsprozeß einleitete, der in der DDR vierzehn Jahre später zum implosiven Zerfall des gesamten politischen Machtapparates, einschließlich seines konspirativen Arms, des Ministeriums für Staatssicherheit, führte.

Noch einmal: Ich beschreibe hier keine antikommunistische Oppositionsbewegung. Wir waren alles andere als heimliche Verehrer des bürgerlichen Parlamentarismus. Unser Band war die Moral, und mit der Ausbürgerung Biermanns war eine moralische Norm verletzt worden. Der letzte deutsche Staat, der Schriftsteller ausgebürgert hatte, war der faschistische gewesen. So mußte ein Staat, der sich antifaschistisch definierte, durch das Hervortreten derartiger Herrschaftsmuster jegliche Legitimation verlieren.

Als ich 1980, kurz nach meinem Ausschluß aus dem Schriftstellerverband, in den Westen übersiedelte, nahm ich die Erinnerung an eine Zeit mit mir, die von der Macht der Wahrheit ebenso geprägt war wie von der Solidarität derer, die sie als Schreibende, das hieß für mich: um Wahrheit Kämpfende, verkörperten.

Zwölf Jahre später fiel auf dieses pastellfarbene, durch die Kälte der Marktwirtschaft noch schöngefärbte Bild der Schlagschatten einer Realität, die anzuerkennen mir noch heute schwerfällt.

Dabei geht es mir nicht um jene Kollegen, die ein mangelndes Talent, einen ausbleibenden Erfolg durch das Verfertigen phantasievoller Geheimberichte kompensieren wollten. Auch nicht um jene, deren verhängnisvolle politische Tätigkeit schon offenbar war, bevor ihre geheimdienstliche Tätigkeit bekannt wurde. Ich meine vielmehr Autoren, deren Produktion ernst zu nehmen wir nicht umhinkommen. Ein Beispiel? Der IM *Heinrich* mag dafür stehen. Er war ein wenig älter als ich, lebte in einem Dörfchen im Spreewald, und ich hatte ihn in meinem Verlag getroffen, dessen Lektor uns regelmäßig zusammenholte, damit wir unsere Texte vorlasen und diskutierten. Er galt als unterschätzt, aber von hohem Talent, seine Mentalität schien von einer Art, wie ich sie mir bei einem *Wahrheitssucher* vorstellte – vor jeder Antwort nachdenkend, um Worte, um Begriffe ringend. Die Briefe, die er mir schrieb, waren von sensibler Weltsicht und klarem Literaturempfinden geprägt, von Takt und humaner Substanz. Ein paar Mal schlief er unter unserem Dach, schien interessiert an Kontakt, an unseren Arbeiten, an jeder neuen Idee, beklagte sich über seine dörfliche Isolation und bekam selbstverständlich unsere Hilfe.

Jetzt erfuhr ich, daß die herausfordernde Hilflosigkeit meines Kollegen Täuschung war, lediglich darauf gerichtet, mich und meinen Freundeskreis, wie es in der Geheimdienstsprache heißt, aufzuklären. Ich fand den Inhalt meiner Briefe in seinen Berichten wieder, las Wertungen meines Verhaltens und Spekulationen über die Motive meiner Freundschaften zu anderen Autoren. Selbst ein sehr persönlich gehaltener Brief, in dem er mir seine Ratlosigkeit in der »Biermann-Sache« gesteht, war nur dazu geschrieben, meine Meinung zu erfahren und sie anschließend seinem Führungsoffizier zu Protokoll zu geben.

Er war kein Einzelfall, und ich bin es auch nicht. So gibt es seit dem Tag der Aktenöffnung in der deutschen Literatur, zu der ich die DDR-Literatur zähle, eine Spaltung, die ihr Ende noch nicht gefunden hat und wahrscheinlich lange nicht finden wird. Damit meine ich nicht die spektakuläre Enttarnung des Lyrikers Anderson, deren blechernes Echo vielleicht auch zu Ihnen gedrungen ist. Damit meine ich die Konfrontation zweier Haltungen, die Frage, ob es zwischen Ästhetik und Moral ein Kongruenz geben müsse oder nicht. Heinrich Böll, auf den ich mich beziehe, hat sie in seinen »Frankfurter Vorlesungen« so eindeutig mit ja beantwortet, daß es mir schien, als könne alles, was danach käme, nicht anders bewertet werden. Aber ich muß zur

Kenntnis nehmen, daß es ästhetische Positionen gibt, die Moral in der Literatur für kunstfeindlich halten. Was zähle, heißt es, sei das Werk. Nichts anderes bleibe und gebe über unser ständig vergehendes Leben Auskunft, gleichgültig, unter welchen Bedingungen es entstanden sei.

Eines ist richtig. Als ich Kleists Novelle »Michael Kohlhaas« las, *war* es mir gleichgültig, ob er seine geheimnisvolle Würzburger Reise nun zu Zwecken der Industriespionage oder zur Operation einer Phimose oder zu beidem oder etwas völlig anderem genutzt hat.

Und Daniel Defoe? Soll er nicht, Jahre nachdem ihn die königliche Macht an den Pranger hat stellen lassen, für eben diese auf geheimdienstliche Erkundung nach Schottland gefahren sein? Oder handelte es sich nur um einen konspirativen Kurierdienst?

Einerlei; die Antwort auf die Frage, die ich mir stelle, werde ich auf diese Weise nicht bekommen. Sie würde in raskolnikowsche Dimensionen führen, und das scheint mir nun wieder zu gewaltig angesichts einer Institution, die durch hypertrophes Wachstum zur Negation ihrer selbst beigetragen hat; dialektischerweise.

Ich kann mich ihr nur durch Reduktion auf das Subjektive nähern und mich fragen, was sich bei mir geändert hätte, wäre ich, gleich aus welchem Motiv, ob aus Angst, ob aus Bedürfnis nach Absicherung, aus Überzeugung, schriftstellerischer Neugier auf die Funktionsweise des Apparates oder um Einfluß zu gewinnen – was wäre bei mir anders geworden, hätte ich das Angebot der beiden Herren von der Sicherheit damals angenommen. Hätte es meinen Stil verändert? Hätte ich andere Stoffe gewählt? Wäre ich flexibler gewesen und hätte bereitwilliger auf ästhetisch verkleidete Änderungswünsche meiner Lektoren reagiert? Wahrscheinlich nicht. Aber ich hätte mir nicht mehr glauben können. Mehr als Ahnung, denn als Wissen, war mir der zerstörerische Mechanismus unseres Verdrängungsapparates bekannt. Die Aussagen einiger Kolleginnen und

111

Kollegen, sie hätten nicht mehr gewußt, wie weit ihre Kooperation gegangen sei, belegen das. Christa Wolf konnte sich nicht mehr erinnern, daß sie, die mit ihren 42 Bänden – ich sage mal: Opferakten eine lange, widerständische Spur hinterlassen hat, vor mehr als dreißig Jahren ganz kurz und unwesentlich mit der Staatssicherheit kooperiert und einen Decknamen vereinbart hatte. Oder Günter de Bruyn. Er hatte, wie er mir einmal sagte, mit den Herren von der Sicherheit ein paar Gespräche geführt, bevor sie ihn mit einem Operativen Vorgang zum *feindlich-negativen* Schriftsteller erhoben. Jetzt, da er Einsicht in seine Akte bekam, war er bestürzt, wie lange dieser Kontakt, entgegen seiner Erinnerung, gedauert und wieviel er den Männern von der Stasi erzählt hatte. Beiden glaube ich aufs Wort. Zu oft – und glücklicherweise in weniger brisanten, wenn auch nicht weniger moralischen Angelegenheiten – habe ich die Macht der Verdrängung selbst erfahren. Und daß sie uns zum Überleben hilft, wissen wir. In der Literatur allerdings ist ihr Einfluß verderblich, und ich glaube, daß ich meinem Handwerk nicht mehr gerecht werden könnte, wenn ich nicht alle Umstände, die die Verdrängung begünstigen, auszuschalten versuchte.

Und wenn es nicht Verdrängung ist, ist es Selbstzensur. Ein bekannter, auch in westlichen Ländern geschätzter Dramatiker hat aus seiner ins Tonband gesprochenen Autobiographie vor der Veröffentlichung eben jene Passagen getilgt, die von seinen Kontakten zur Staatssicherheit erzählten. Es sei nicht die Zeit gewesen, dies zu offenbaren. Zu vergiftet sei die Atmosphäre durch eine selbstgerechte, auf Enthüllungsgeschichten dressierte Presse gewesen. Zu ungerecht ein Klima, in dem schon die Tatsache, mit der Stasi gesprochen zu haben, zum literarischen Totschlag ausreiche.

Stimmt alles. Aber ich frage mich, welche Kriterien rechtfertigen eine *Veröffentlichung*? Allein der ansehnliche Vorschuß? Und was sind *das* für Autobiographien?

Ich bin mir sicher, wer verdeckt arbeitet, nimmt auch verdeckt wahr. Wer verrät, kommt leicht in Versuchung, den Verrat für allgemeingültig zu halten. Wer Einfluß gewinnen will, wird selbst beeinflußt. Und um einen Mord darzustellen, muß ich niemanden umbringen.

Weit entfernt davon, meine krückenhaften moralischen Kriterien anderen zu oktroyieren, plädiere ich für den lebenslangen, schaffenslangen Versuch, Moral und Ästhetik in Kongruenz zu bringen. Auch wenn er nicht gut bezahlt wird.

(1993)

Fühmanns Briefe

Angenommen, es käme einer meiner westelbischen Landsleute und wollte mehr über das hinzugewonnene Drittel Deutschlands wissen als den aktuellen Stand der Bodenrichtwerte, ich würde ans Regal gehen und ihm ein halbes Dutzend Bücher in die Hand drücken. Die Auswahl fiele mir nicht leicht, aber ich weiß, auf jeden Fall wäre ein Buch von Franz Fühmann dabei: Der »Jongleur im Kino« zum Beispiel oder die »22 Tage ...«; vielleicht sogar dieser umfangreiche, im Frühjahr bei Hinstorff erschienene Band, der von seinem Urheber gar nicht zur Veröffentlichung vorgesehen war.

Einem ostdeutschen Leser muß nicht erklärt werden, wer Fühmann war. Zwei Generationen sind mit seinen phantasievollen Kindergeschichten aufgewachsen, und für viele, die gleich ihm nach dem letzten deutschen Krieg aus der Gefangenschaft in den Osten zurückkehrten, war seine schmerzvolle, in vielen Büchern beschriebene Wandlung vom jungen Nazi zum engagierten Sozialisten ein Prozeß, den sie selbst erfahren hatten.

Den Lesern im deutschen Westen blieb er dagegen ein nahezu unbekannter Autor mit lächerlich geringen Auflagen,

und es ist nur ein scheinbarer Widerspruch, daß diese Füh-
mann-Publikation von dem in Frankfurt am Main lebenden
Literaturwissenschaftler Hans-Jürgen Schmitt besorgt und
von der Arno-Schmidt-Stiftung in Bargsfeld (Westfalen)
gefördert wurde. Schmitt, zeitweise Fühmanns bundes-
republikanischer Lektor, gehört zu den wenigen Westdeutschen, die seine Bedeutung schon früh erkannt hatten, und
ich glaube, es gibt im Moment keinen ostdeutschen Verlag,
der in der Lage wäre, diese ehrgeizige und aufwendige Edi-
tion aus eigenen Mitteln zu finanzieren.

Es geht um den Briefschreiber Fühmann, der eine Korrespondenz von schätzungsweise 10-15 Tsd. Seiten hinterlassen hat; Briefe an Verleger, Politiker, Wissenschaftler, an
gestandene und aufstrebende Autoren, an Leserinnen und
Leser, an Freunde und Feinde. Vielleicht der zwanzigste
Teil ist hier gedruckt, chronologisch geordnet und 1950
mit einem Brief des 23jährigen an Johannes R. Becher be-
ginnend, endend 1984 mit einem Gruß an die schwäbische
Freundin Margarete Hannsmann, der die handschriftliche
Beifügung trägt: »der sich langsam aber sicher satthabende
Fühmann«.

So ist es mir letztens nur bei den Briefen Kleists gegangen: Ich habe sie gelesen wie einen Roman. Aus dem
Schatten eines wichtigen Prosawerks tritt ein Mensch, der
die Welt von frühester Jugend an als eine Welt des »Objekt-
seins« erlebt hat. Ihr zu entrinnen, will er Literatur schreiben – *und* in politischer Funktion an der »neuen Gesellschaft« mitbauen. Ein Spagat zwischen Antagonismen ...
Er, der nicht in den Kalten Krieg hineingezogen werden
will, steht doch mitten drin, als die Mauer gebaut wird und
seine Westberliner Kollegen den Protest ihrer östlichen
einfordern. Fühmanns Offener Brief an Grass und
Schnurre, der mir bisher unbekannt war, ist noch mit den
Klischees der Zeit gespickt, der Ton so unversöhnlich, als
müsse er sich die Entscheidung, im Osten zu leben, noch
einmal bekräftigen. Er wird sie bis zu seinem Tod nicht

revidieren; warum, ist hier nachzulesen. Aber spätestens 1965, mit den Angriffen der Partei auf den – ich sage mal: Wirklichkeitsgewinn der Kunst nach dem Mauerbau, beginnt bei ihm eine Auseinandersetzung, die sich nicht mehr mit dem Verweis auf die Altnazis in Westdeutschland, auf Globke und Oberländer, kaschieren läßt. Noch sichert er seinen Rückzug aus dem Apparat einer Blockpartei diplomatisch ab, in der Sache aber bleibt er fest und will sich mit den Verdikten des Politbüros, »trotz gründlicher Prüfung und Selbstüberprüfung, nicht einverstanden erklären«.

Der Konflikt ist programmiert und folgt einer Logik, nach der Führmann immer gelebt hat. Aus der wuchtigen Einsicht in die Verantwortung des einzelnen wächst die Suche nach den Gründen persönlichen Versagens und schließlich die deutliche Distanzierung des kritischen Geistes mit der ebenso arroganten wie inkompetenten Macht. »Entfaltung« heißt das Schlüsselwort dieser Existenz, »Entfaltung und Wandlung«. In seinen Büchern ist sie nachvollziehbar; diese Briefsammlung fügt ihr eine persönliche Dimension hinzu. Und was für eine! Das ist ein Werk hinter dem Werk und so voluminös, daß ich mich frage, wie dieser Mann das alles geschafft hat. Vermessen, die Vielfalt der Themen auch nur skizzieren zu wollen. Hervorheben will ich aber seine Briefe an junge Poeten wie Kolbe, Matthies und Hilbig; hervorheben auch die Korrespondenz mit Ingrid Prignitz, die das subtile, bisweilen geistig symbiotische Verhältnis zwischen Autor und Lektorin andeutet – und natürlich die Briefe an Kurt Batt, die mir ganze ästhetische Kompendien aufwiegen.

Daß er ein ekstatischer Arbeiter war, wußte ich; daß er am Leben so vieler Menschen teilgenommen hat, habe ich nicht geahnt. Er gibt Trost, gibt Rat, gibt Aufmunterung für jeden, der es nötig hat. Seine Töne humorvoll und zweifelnd, ernst und erstaunt, resigniert und sarkastisch – nie aber zynisch. Das Zynische war ihm so fremd wie das Feuilletonistische. Kein Satz, hinter dem nicht die ganze

Person steht. Kein Gedanke, der nicht gewogen würde und hin- und hergewendet, ob er denn in den Wirrungen jener wahnsinnigen Zeit Bestand habe.

Und Irrtümer –? Einmal etwa hat er dem Buchminister Klaus Höpcke einen Offenen Brief zur Wahrheit in der Literatur geschrieben und will ihn nun, wie zugesichert, veröffentlicht sehen. Umsonst seine Appelle an die Vernunft, seine Überredungsversuche, seine Zusicherung, den Text nicht im Westen drucken zu lassen, bevor er im Osten erschienen ist. So pedantisch loyal kann nur einer sein, der alles bitter ernst nimmt; zu ernst vielleicht.

Ein Glück. Es könnte dem Wunschbild vom Dichter mit der makellosen, fehlurteilsfreien Biographie den Garaus machen und das Bild vom Menschen, der zeit seines Lebens nicht aufhört, das Wesen hinter dem Schein zu suchen, endlich konstituieren. Franz Fühmann ist diesen Weg bis zum Ende gegangen. Auch mit dem Briefband bleibt er das, was man einen schwierigen Autor nennt. Wer sich die deutsche Schuld an Auschwitz auf den Buckel lädt, hat nun mal keinen leichten Gang. Hut ab!

(1994)

Anfang einer Affaire

1

Unerheblich, wer von uns dreien die Idee hatte, Plenzdorf, Stade oder ich. Ihrem Wesen nach hätte sie den Urheber ohnehin verleugnen sollen, und sie wurde in einer Zeit geboren, die für neue Denkansätze, andere Blicke auf die Gesellschaft zwischen Elbe und Oder, Ostsee und Erzgebirge offener schien als die zwischen dem Dezember 1965 und dem Frühjahr 1971, dieser letzten Periode der Ulbricht-Herrschaft.

Wann hatten wir das erste Mal darüber gesprochen? Im

Herbst 73, als wir zusammen in Wiepersdorf waren? Oder Silvester in Alt-Ruppin? Und wann verschickten wir die ersten Einladungen?

Ich könnte es auf der Stelle nachprüfen, aber hier, im Lesesaal der Akademie der Künste in Berlin-Mitte, passiert etwas Eigentümliches: Ich zögere, die Akte, die auf dem schmalen Pult vor mir liegt, aufzuschlagen.

Vor einer Woche wußte ich von ihrer Existenz noch nichts. Ich hatte einen Zettel neben dem Telefon gefunden, ich möchte einen Mann namens Wallace anrufen, er hätte ein paar Fragen zur Problematik der Literaturen in Ost und West. Es waren die Monate, in denen es um die Form eines einheitlichen deutschen Schriftstellerverbandes ging; mein Kalender war voller Termine, beinahe jeden dritten Tag kam eine Journalistin, stellte eines dieser kleinen, sendereife Aufnahmen garantierenden Geräte neben mich, und ich sollte sagen, was ich vom letzten Präsidenten des DDR-Schriftstellerverbandes hielte, der einst mithalf, mich und acht meiner Kollegen aus dem Verband, dem er vorstand, auszuschließen, und ob ich es richtig fände, daß Autoren, die an meiner gesellschaftlichen Ächtung beteiligt waren, so mir nichts dir nichts in den nun gemeinsamen deutschen Schriftstellerverband aufgenommen würden.

Ich gab mir alle Mühe, meine Haltung möglichst genau zu beschreiben und den Verhältnissen der Vergangenheit gerecht zu werden, mußte deshalb oft weiter ausholen, als ich ursprünglich gedacht hatte, aber mit meinen stockend zunehmenden Assoziationen wuchs auch die Unruhe meiner Gesprächspartnerinnen, bis ich ein schlechtes Gewissen bekam und meinerseits fragte, ob ich wohl zu viel erzählte.

Nein, nein, versicherten sie eilfertig und nahmen die Gelegenheit wahr, das Gerät auszuschalten, es sei immer gut, etwas mehr Material zu haben, als für *Einsdreißig* gebraucht werde; das Unpassende ließe sich ja herausschneiden.

Einsdreißig, erfuhr ich dann, sei neuerdings die Länge

eines Magazinbeitrags, mehr Text lasse die Programm-
struktur nicht zu.

Natürlich brachte ich kein vernünftiges Wort mehr heraus, und während meine Interviewerinnen sich auf das
freundlichste verabschiedeten, blieb ich zurück mit den nun
einmal abgerufenen, höchst widersprüchlichen Bildern der
Vergangenheit, lief im Zimmer hin und her, bis sie wieder
versickert waren, und verfluchte die Welt des Westens, in
der nur die Gegenwart, und nichts als die Gegenwart, zählt.

Ich wollte es hinter mich bringen und rief den Mann
namens Wallace gleich an. Er war glücklicherweise von
keinem Radiomagazin, sondern ein englischer Germanist,
wollte etwas über mein letztes Buch wissen und, wie er
sagte, über die Berliner Anthologie. Ich fragte, welche
Anthologie er meine, es gebe so viele über Berlin, und er
sagte etwas verwundert, na, die von 74. Sie waren doch daran beteiligt. – Vierundsiebzig, fragte ich und wußte tatsächlich nicht, worauf er anspielte, und erst als er sagte, er habe
in den Akten des verblichenen Schriftstellerverbandes ge-
forscht, dort gebe es einen ganzen Band zu dem Vorgang,
höchst interessant, wissen Sie, besonders das Protokoll mit
Ihnen und Herrn Plenzdorf, und die Sache mit Landgraf –
erst da rief ich ins Telefon, ach, Sie meinen unsere Autoren-
Anthologie!, und meine Erinnerung setzte so plötzlich ein,
daß ich überschüttet wurde mit Bildern, Tonlagen und
Situationen und mich fragte, was geschehen sein mußte,
daß ich eine derart wichtige Sache einfach vergessen
konnte, als wäre sie nicht geschehen; so wie ich mich jetzt
frage, warum ich zögere, die Akte, die nun vor mir liegt,
aufzuschlagen.

Ist es die Scheu vor den Spuren einer Zeit, die zu den
produktivsten meines Lebens gehört – als wollte ich mit
den Defiziten der Gegenwart nicht konfrontiert werden?

74, 73, 72 – das war eine Zeit, die das Land DDR, schien
mir, grundlegend verändert hatte. Nach sechs bleiernen
Jahren, die dem berüchtigten 11. Plenum im Dezember

1965 gefolgt waren, war so etwas wie ein Aufbruch zu spüren. Die Signale hatte der VIII. Parteitag gesetzt, der schroffe Wechsel von Ulbricht zu Honecker, die Welle der völkerrechtlichen Anerkennung, die neuen Botschaften und die Büros der Presse-Korrespondenten. In der Literatur trat eine neue Generation an die Öffentlichkeit und wurde begleitet von dem Satz, den der neue erste Mann im Staat gesprochen hatte: daß es in der Literatur keine Tabus geben dürfe, wenn die Autoren von sozialistischem Standpunkt ausgingen. Wir registrierten vor allem den ersten Satzteil, ohne mit dem zweiten Schwierigkeiten zu haben; uns hatte 68 geprägt, der antiautoritäre Aufstand der westeuropäischen Studenten ebenso wie der Versuch unseres südlichen Nachbarlandes, den Sozialismus zu demokratisieren, und auch wenn beide Bewegungen andere Wurzeln hatten, ihre Richtung wies dorthin, wo der Begriff Emanzipation seinen Ort hatte – kurz: wir wollten hinaus aus den Zwängen der Konventionen. Weg mit den überlieferten Normen der alten Generation, hieß es und: Zerbrecht die Verkrustungen, die über euer Leben gewachsen sind!

Ich erinnere mich, daß ich noch in den späten Siebzigern in Diskussionen darauf bestand, ich hätte mich zu dieser Zeit an keinem anderen Ort der Welt freier fühlen können als in der DDR – und relativierte: Wenn man Freiheit nicht mit Freizügigkeit verwechsele und, natürlich, aus der Perspektive eines Schriftstellers gesehen, dessen größte Freiheit in der Freiheit gegenüber seinen Stoffen, seinen Figuren besteht.

Den Begriff Opposition lehnten wir ab, weil er uns zu eng schien, und wir meldeten eine Forderung an die Macht an, wenn wir sagten, wir verstünden uns als gesellschaftskritische Schriftsteller, die mit ihrer Kritik in das System, in dem sie leben, integriert sein wollen, ja, die erwarteten, daß ihre Kritik selbst von den Kritisierten, wenn nicht sehnsüchtig, so doch um der Sache willen, erwartet werde.

Die Realität schien uns vorerst recht zu geben. Die

großen Kunstausstellungen wurden gesellschaftliche Ereignisse, die Artikel in der Presse hatten, die Unvollkommenheit des Gegenwärtigen betonend, statt eines positiven ein negatives Schwänzchen, in Berlin trat jeden Monat einmal Bettina Wegner auf die Bühne des Hauses der jungen Talente in der Klosterstraße und stellte dem überfüllten Saal bekannte und unbekannte Liedermacher, Autoren, Schauspieler vor, und hinterher wurde in einer Offenheit diskutiert, die den anwesenden westlichen Presseleuten alle Vorstellungen über den Zwangsstaat DDR, falls sie solche hatten, zertrümmern mußten.

In dieser Zeit, in diesem Klima ist die Idee geboren worden, eine Anthologie zu organisieren – Thema: Berlin, Hauptstadt der DDR; Zeit: vom Kriegsende bis zur Gegenwart –, die sich von anderen dadurch unterscheiden sollte, daß ihre Teilnehmer Kenntnis bekamen von allen Texten, darüber beraten und, nach Einigung, sie als kollektive Herausgeber einem unserer Verlage zur Veröffentlichung anbieten sollten.

Wir machten eine Liste von Namen, die uns spontan einfielen, wollten neben den älteren, ausgewiesenen Autoren wie Stefan Heym und Christa Wolf auch jüngere, noch unbekannte hinzuziehen, entwarfen einen Einladungsbrief und schickten ihn ab.

Gleich nach dem Anruf des englischen Germanisten hatte ich den Aktenberg unter meinem Schreibtisch abzutragen begonnen und war fündig geworden: ein brauner Hefter mit den Antwortbriefen.

Das Echo war, bis auf eine Ausnahme, positiv, ja, wir lasen sogar eine verhaltene Begeisterung heraus.

Unter dem Datum des 22. 2. 74 dankt Stefan Heym für den »kollektiven Brief«, will gerne dabei sein, den Plan, wo er kann, unterstützen und schlägt Stephan Hermlin vor. Zwei Tage später schreibt Fritz Rudolf Fries, daß ihm das Demokratische an dem Vorhaben gefällt; er will mitmachen und schlägt Uwe Grüning vor. Günter de Bruyn findet die

Initiative sogar »rühmenswert«. Zwar hat er im Moment weder Text noch Idee, will sich aber beteiligen und schlägt Karl Mickel, Bernd Jentzsch, Günter Kunert, Irmtraud Morgner und Sarah Kirsch vor. Stephan Hermlin, den wir gleich angerufen hatten, hat zwar Zweifel, ob er seine spontan am Telefon gegebene Zusage einhalten kann, und möchte nicht, daß wir böse sind, wenn er nicht teilnimmt, hofft aber, daß unser Vorhaben gelingt. Christa Wolf schließlich gefällt das Verfahren, weil es »ziemlich demokratisch ist« und »mal eine Gruppe von Autoren zu einem gemeinsamen Subjekt gegenüber einem Verlag erhebt«. Sie schlägt Sarah Kirsch, Irmtraud Morgner, Helga Schubert und Günter Kunert vor. Nur Franz Fühmann, der als erster geantwortet hatte, lehnt unsere Einladung auf eine freundliche, aber bestimmte Weise aus zwei Gründen ab. Erstens habe er kein Verhältnis zu Berlin, zweitens glaube er, daß eine Koppelung von Literatur mit Abstimmungen, Beschlüssen, Diskussionen ein »Selbstmordmotiv« sei.

Am Pult des kleinen Lesesaals in der Akademie sitzend, muß ich über seine sarkastische Prophezeiung, auch wenn sie anders gemeint war, lächeln und schlage die Akte auf.

2

Sie umfaßt 38 Seiten, ist chronologisch geordnet, und ihr obenauf liegendes, zeitlich zuletzt eingelegtes, Blatt enthält zwei linierte, durch einen senkrechten Strich getrennte Spalten. Die Titulierung des Blattes lautet: »Berliner Anthologie«/ Beteiligung Stand 1. 10. 75 = 18 Autoren.

In der linken Spalte lese ich die achtzehn Namen jener Autoren, die für die erste Fassung der Anthologie Texte geliefert hatten. Darunter, handschriftlich dazugetragen, die Namen Landgraf und Köhler, Erich.

In der rechten Spalte stehen, den einzelnen Autoren der linken Spalte zugeordnet, Namen von Vorstands- oder Parteileitungsmitgliedern bzw. Angestellten des Verbandes.

Zum Beispiel steht hinter Fritz Rudolf Fries der Name Plavius, hinter Uwe Grüning der Name Krumrey, hinter Uwe Kant der Name H. Kant.

Die unterste, zeitlich erste Seite der Akte ist das Original eines unserer Einladungsbriefe. Was mich überrascht: Es ist nicht jener, den wir im Februar 1974 verschickten. Dieser hier ist mehr als anderthalb Jahre älter.

Im Herbst 1975 aber hatte sich das politische Klima entscheidend gewandelt. Überall hatte Schwierigkeiten, wer mit neuen Aktivitäten an die Öffentlichkeit treten wollte. Lesungen wurden mit fadenscheinigen Begründungen abgesagt, Reisen in den Westen verzögert oder nicht genehmigt. Bettina Wegners »Eintopp« beispielsweise litt zunehmend unter den Versuchen staatlicher Eingriffe, die zwar allesamt abgewehrt werden konnten, aber jeden Monat aufs neue Probleme schafften. Stefan Heym, dessen drei, unter Ulbricht verbotene, Bücher nach dem VIII. Parteitag veröffentlicht wurden, stieß mit neuen Erzählungen schon wieder auf Ablehnung.

Noch führten wir die Gegenbewegung auf die Trägheit der Apparate zurück, auf ihre mangelnde Fähigkeit, sich reformerischen Bestrebungen zu öffnen. Im Berliner Verband forderte Heym eine Art Verlag der Autoren als Mittel gegen die imkompetenten Eingriffe der Kulturbürokratie; ich redete an gleicher Stelle über die Schwierigkeiten, die Plenzdorf hatte, sei es bei Lesungen, Rezensionen, Interviews. Hermann Kant sprang gleich auf, erbot sich, die Sache in die Hand zu nehmen, und forderte konkrete Beispiele, damit er tätig werden könne. Ich recherchierte vier, schrieb sie ihm auf, erhielt lange keine Antwort, mahnte vergebens und brauchte einige Zeit, um zu begreifen, daß dahinter eine Methode der Abwiegelung steckte.

Aus dem Haus am Marx-Engels-Platz wurde die Botschaft lanciert, Honecker habe Schwierigkeiten mit dem konservativen Teil des Politbüros, und die Genossen und Kollegen Schriftsteller und Künstler sollten die neu gewonnenen Möglichkeiten durch ihre Aktivitäten nicht infrage stellen. Wir überlegten einen Moment, fragten uns, worin denn die neuen Möglichkeiten bestünden, wenn wir sie nicht in Anspruch nehmen dürften – und machten weiter.

Ich weiß noch, die ersten Texte für unsere Anthologie trafen im Sommer 74, die letzten im Frühjahr 75 bei uns ein. Wir hatten an die 200 Seiten Manuskripte, darunter einige von jungen, unbekannten Autoren wie Hans Ulrich Klingler, Heide Härtl und Gert Neumann, der damals noch unter dem Familiennamen seiner Frau schrieb. Plenzdorf, glaube ich, hatte von dem jungen Autor Wolfgang Landgraf gehört, sprach oder schrieb ihn an, aber dessen Beitrag traf, ebenso wie der von Erich Köhler, erst ein, als, im Mai 75, die erste Fassung vervielfältigt und an die bisher achtzehn Autoren verschickt worden war.

Die Sammlung schien uns stilistisch erfreulich unausgewogen; sie reichte von der Groteske bis zur Impression, von der klassischen Shortstory bis zum Sprachexperiment.

Die Reaktionen der Beteiligten waren unterschiedlich wie ihre Texte. Während Gert Neumann uns mitteilte, »daß das Lesen der einzelnen Beiträge durch eine außerordentliche Spannung begleitet war, solch eine, die ein Leser von Gegenwartsliteratur erwartet«, meinte Stefan Heym, daß die Anthologie nicht nur bei den Behörden auf Widerstand stoßen, sondern auch keinen Verlag finden würde. Er verwies auf den Text von Plenzdorf, meinte aber auch seinen, der nur eine Belastung für die anderen Autoren darstelle, entschuldigte sich für sein Fernbleiben auf der geplanten Autorenzusammenkunft und schlug vor, die Auswahl breiter und repräsentativer zu machen.

Am 10. September 75 dann trafen sich die Beteiligten im Becher-Club in Berlin. Meine Erinnerung an dieses Treffen ist zwiespältig. Von den achtzehn Eingeladenen waren nur zehn erschienen, und es lag, wenn ich mich recht erinnere, eine Atmosphäre von Unsicherheit über der kleinen Runde, eine Unsicherheit, die – von heute aus betrachtet –

ebenso aus der mangelnden Erfahrung mit »basisdemo-
kratischen Strukturen« kam, wie sie auch Fühmanns Be-
fürchtungen bestätigte. Der »Rundbrief an alle Autoren
der Anthologie ›Berliner Geschichten‹«, der vierzehn Tage
nach der Sitzung verschickt wurde, illustriert es in seinen
»Beschlüssen«: Erstens sollte das Manuskript noch keinem
Verlag angeboten werden, zweitens wurde die Diskussion
um die einzelnen Beiträge aufgeschoben und drittens fest-
gelegt, noch andere Autoren einzuladen.

Doch wie kompliziert uns das Ergebnis des Treffens auch
schien, damals, weiß ich, hatten wir die feste Absicht, das
Projekt, trotz möglicherweise hoffnungsloser organisato-
rischer Überforderung, zu einem guten Ende zu führen,
und begannen, die neuen Einladungen zu schreiben, for-
mulierten die Erklärung für die »Mitteilungen des Schriftstellerverbandes«, schickten sie an alle Beteiligten, erhiel-
ten weitere Texte und Vorschläge, auch Absagen oder
Distanzierungen; Kunerts »inneres Barometer« war nach
seiner Teilnahme an dem Treffen »ziemlich tief gefallen«, er
wollte nicht mehr mitmachen; Günter de Bruyn schienen
nun manche Beiträge »nach erneuter Lektüre ... schwächer
als zuvor«, und Heym wollte wegen des unausgereiften Zu-
standes der Anthologie auf keinen Fall, daß unter der
Presseerklärung sein Name stünde. Dennoch wuchs unser
Manuskript innerhalb weniger Wochen auf dreihundertfünfzig Seiten, und während wir uns vornahmen, die nächste Zusammenkunft besser vorzubereiten, hatte, was wir
freilich nicht ahnen konnten, der Berliner Schriftstellerverband bereits begonnen, das Ende einzuläuten.

Das Protokoll der Parteileitungssitzung, die am 13. 11. 75
stattfand und in der Akte als zeitlich zweites Dokument zu
finden ist, hat einen vergleichsweise sachlichen Ton. Danach hat Wolfgang Kohlhase die Parteileitung über unsere
Einladung an ihn informiert. Er selbst will an dem Projekt
nicht teilnehmen, hält es aber, auch außerhalb des Verbandes, für legitim.

Ruth Werner vermutet, daß Heym hinter der ganzen Sache steckt, um einen Vorwand für regelmäßige Treffen einer bestimmten Schriftstellergruppe zu haben, und ist gegen ein solches Unternehmen.

Der 1. Sekretär des Berliner Verbandes, Henniger, weist darauf hin, daß einem Verlag ja dann nichts anderes mehr bliebe, als ja oder nein zu sagen, und befürchtet wegen unserer Methodik »Verärgerungen bei einzelnen Autoren« und »Konfliktstoff zwischen Autoren und Verlagen«.

Karl-Heinz Jakobs, der ein Jahr später aus der Parteileitung geworfen werden wird, schließt sich dieser Meinung an und erklärt, daß er ursprünglich die Absicht gehabt habe, an der Anthologie teilzunehmen, jedoch den Termin nicht hätte halten können und darüber staune, daß die Sache noch nicht abgeschlossen sei. Aber auch er betont die Legitimität eines solchen Verfahrens.

»Genosse Cwojdrak sagte nichts«, heißt es im Protokoll, und der Parteisekretär schlägt vor, »diese Frage zu durchdenken und in der nächsten Sitzung weiter zu behandeln.«

Gespannt blättere ich weiter, muß mich aber enttäuschen lassen, denn bis auf einen Brief, mit dem der 1. Sekretär das ZK der SED, Abt. Kultur, Gen. Prof. Dr. Heldt, über unsere Einladung und über die Parteileitungssitzung informiert, ist länger als zwei Monate keine Notiz, kein Vermerk über die Autorenanthologie zu finden.

Das nächste Blatt ist vom 26. 1. 1976 und protokolliert den Versuch einer Mitarbeiterin des Verbandes, den jungen Autor Landgraf zur Distanzierung von unserem Vorhaben zu bewegen.

3

Zwei Monate im Winter von 75 zu 76. War es ein kalter Winter? Gab es Schnee? 75 ist mein Buch »Alte Filme« im Osten und im Westen erschienen, war ich auf Lesetour quer durch die Bundesrepublik, war das erste Mal in Paris. Ich weiß, daß der Winter von 76 zu 77 ein harter, ein

Schneewinter war, aber an das Klima im Winter davor kann ich mich nicht erinnern.

Erinnern kann ich mich aber an die ersten Anzeichen jener eigenartigen Kunde, die in der Sprache der Geheimdienste *Desinformation*, in der Sprache des Alltags *Gerücht* genannt wird.

Gerüchte aus allen Ecken, ganz plötzlich. Wir würden mit unserer Anthologie eine Plattform bilden wollen. Wir hätten vorgehabt, sie im Selbstverlag herauszugeben. Wir stünden schon mit dem westlichen Molden-Verlag in Verbindung, der das Buch mit fünfzigtausend Exemplaren auf den Markt werfen sollte. Es gäbe Streit unter uns. Viele Beteiligte hätten sich schon distanziert.

Wir dementierten, wo wir konnten, aber auf den Gesichtern der Kollegen, mit denen wir sprachen, blieb oft ein skeptischer Ausdruck zurück.

Das Gespräch, das eine »Genossin Hübschmann« mit dem jungen Wolfgang Landgraf führte, war am 26. 1. 1976. »Der Gedanke«, heißt es in dem Protokoll, »daß mit der Form der Herausgabe dieser Anthologie ein Mißtrauen gegen die Verlage und damit gleichzeitig (gegen die) Kulturpolitik unserer Regierung ausgesprochen wird, war ihm noch nicht gekommen. Er war sehr bestürzt und wies den Gedanken zurück, daß er durch die Beteiligung solch eine Haltung mitverantworte.«

Mit dem 27. 1. 76 ist der Brief datiert, in dem mir Landgraf mitteilt, daß er seine Geschichte zurückziehen werde. »Sie können mir glauben, daß es mir leid tut, dieses so hoffnungsvoll begonnene Projekt so enden zu sehen.«

An ein Ende dachten wir vorerst nicht. Zwar hörten wir, daß der Verband Autoren, die an der Anthologie beteiligt waren, zu beeinflussen suchte, hörten aber auch gleichzeitig, daß er damit nicht immer Erfolg hatte. In der Akte »Berliner Anthologie« finden sich Gesprächsvermerke mit Helga Schubert, Erich Köhler und Martin Stade, manche in einer kurzen und einer längeren Fassung, wobei die

Vermutung, daß die kürzere an die Staatssicherheit gegangen sei, wohl zutreffend ist.

Helga Schubert, lese ich dann unter dem Datum des 29. 1., will sich nicht zurückziehen und hält die Art und Weise, wie das Buch zustande kommen soll, für ebenso wichtig wie seinen Inhalt. Erich Köhler will sich von der Sache erst selbst ein Bild machen, bevor er entscheidet.

Über Stades Gespräch mit der Verantwortlichen für die jüngeren Leute im Verband, Erika Büttner, lese ich: »Martin Stade war offensichtlich gekommen, um zu erfahren, was wir für Argumente gegen die Anthologie ... haben.« Und: »Ich hatte den Eindruck, daß Stade zumindest nachdenklich war, als er ging.«

Er war so nachdenklich, daß er eine Woche später einen Brief an seine Gesprächspartnerin schreibt, dessen Abschrift sich ebenfalls in der Akte findet und die eine zornige Kritik am Verhalten des Verbandes enthält. Was der Verband täte, sei offenbar Ursache eines tief verwurzelten Mißtrauens, das ihn dazu verführe, von Anfang an, ohne die Texte zu kennen, negative Absichten zu vermuten. »Oder ist es so, daß von vornherein die Eigeninitiative von Autoren nicht erwünscht ist, daß gerade sie mit Mißtrauen ... beobachtet und beargwöhnt wird?«

In gleichem Zusammenhang ist ein Brief zu sehen, den ich Anfang Februar an den 1. Sekretär des Verbandes, Henniger, schrieb und der einen gewissen Sarkasmus nicht verbergen kann, denn ich setzte den Mann, der die obstruktive Arbeit des Verbandes leitete, von jenen Gerüchten in Kenntnis, die er teilweise selbst in Umlauf gebracht hatte, erklärte ihre Unrichtigkeit und forderte ihn auf, sie in unserem Namen zu dementieren.

Mein Brief verlangte keine Antwort, und ich hätte sie auch nicht erwartet; Schriftliches, das wußten wir, gab die Partei- und Verwaltungsbürokratie nur selten aus den Händen. Aber sie reagierte. Sie reagierte spätestens, als Plenzdorf und ich eine Darstellung des Vorganges schrieben und sie an alle wichtigen Institutionen und Personen schickten; an Anna Seghers, die damals noch Präsidentin des Verbandes war, ebenso wie an das Zentralkomitee der SED, Abteilung Kultur, an die Bezirksleitung derselben Partei und ans Ministerium für Kultur. Sie trug auf vier Schreibmaschinenseiten die kurze Geschichte unserer Anthologie zusammen, benannte die Vorwürfe, die gegen uns gesammelt worden waren, und versuchte, sie im einzelnen durch Argumente zu widerlegen. Das war leicht, glaubten wir, wenn es um so absurde Behauptungen ging wie jene, wir hätten die Anthologie im geheimen vorbereitet, wollten sie im »Selbstverlag« realisieren oder hätten sie schon einem Westverlag angeboten.

Schwieriger war es, den ideologischen Vorwürfen – wie dem der »Plattformbildung« – Paroli zu bieten, denn wir wußten natürlich um die gefährliche Kraft dieses Begriffs aus dem stalinistischen Instrumentarium der *Säuberungen*, der sich nur mit einem kräftigen Dementi in den Bereich des Absurden verweisen ließ. Und wir fügten einen mahnenden Hinweis auf die politischen Veränderungen der letzten zwei Jahre hinzu: Die Autoren seien sich des experimentellen Charakters der Anthologie bewußt, scheuten keinen Meinungsstreit, wüßten aber, daß ihr Experiment nur in einer Atmosphäre gedeihen könne, die frei sei von Unterstellungen, Verleumdungen und Intrigen. »Falls sich dem Projekt kein günstiger gesellschaftlicher Nährboden mehr bietet, sehen sich die Autoren nicht mehr in der Lage, ihre Arbeit fortzuführen.«

Am 26. Februar 1976 übergab Anna Seghers laut Aktennotiz vom selben Tag dem 1. Sekretär Henniger »beiliegende ›Darstellung‹, die ihr von Ulrich Plenzdorf am 19. 2. 1976 in die Wohnung gebracht worden ist ... Anna Seghers sagte mir«, heißt es bei Henniger, und ich zitiere mit allen gegenüber Protokollen angebrachten Vorbehalten, »Plenzdorf habe Talent, sei aber sehr von sich eingenommen und möchte gern zum Märtyrer werden. Deshalb möchte sie den

Rat geben, mit ihm normal zu sprechen und ihm nicht den Gefallen tun, mit seiner Angelegenheit die ganze Republik zu beschäftigen ... Offensichtlich wollten die Verfasser der Darstellung in Richtung Autoren-Edition gehen. Und vielleicht wollten sie auch stören. Sie möchte nach Möglichkeit nichts mehr damit zu tun haben.«

Das Schreiben, mit dem wir, Plenzdorf, Stade und ich, in die Parteileitung des Schriftstellerverbandes gebeten wurden, kam per Einschreiben und Eilboten. Es trägt das Datum vom 4. März 76 und ist in der Akte nicht enthalten.

Enthalten dagegen ist ein Protokoll des Treffens, das *Gespräch* zu nennen ich mich scheue – jetzt, da ich die drei Seiten lese, fünfzehn Jahre später.

4

Es muß ein Freitag gewesen sein, an dem Plenzdorf und ich – Stade, der in Rerik wohnte, war krank – den karg möblierten Raum eines Neubaus in der Karl-Liebknecht-Straße betraten. Ich weiß, wir wollten danach ins Wochenende fahren.

Fünf Männer saßen uns gegenüber – nein, vier am Anfang: Görlich, Kerndl, Henniger und Küchler. Hermann Kant kam später, setzte sich auf einen Stuhl im Hintergrund und brach nur einmal sein Schweigen.

Das Protokoll ist drei Schreibmaschinenseiten lang, vom Parteisekretär unterschrieben und sagt wenig über den Verlauf des Gesprächs, viel aber über den Geist seines Verfassers aus: es ist der eines Polizisten. Stellenweis liest es sich wie die Niederschrift eines Verhörs, bei dem es den Vernehmern gelungen ist, die falschen Behauptungen der Täter durch Konfrontation mit den Beweisen zu widerlegen.

Die fünf Genossen der Parteileitung werden nicht individuell zitiert, sondern zu einer Stimme zusammengefaßt, die sich korrigierend, zurechtweisend, mahnend an die Individuen Plenzdorf und Schlesinger wendet.

»Ulrich Plenzdorf und Klaus Schlesinger stellten zunächst die Frage nach dem Charakter des Gesprächs, um dann ... zu betonen, daß sie den Wirbel um die Anthologie nicht verstünden, daß es sich hier um eine harmlose Initiative zur Beförderung neuer Literatur handle, die aus ihnen unbegreiflichen Gründen auf den Widerstand des Verbandes stoße.«

Die Wahrheit ist, wir hatten die destruktive Rolle des Verbandes angegriffen, der – statt Literatur zu fördern – seine Aufgabe offenbar darin sehe, sie zu verhindern.

»Die Genossen der Parteileitung wiesen darauf hin, daß das bisherige Verfahren (der Anthologie-Initiatoren) der literaturpolitischen Praxis in unserer Gesellschaft widerspreche und offensichtlich im Zusammenhang mit Äußerungen von Stefan Heym und Klaus Schlesinger auf einer Mitgliederversammlung des Verbandes im November 1974 gesehen werden müsse, wo sie sich über die Unfähigkeit der Verlage beklagten und Stefan Heym einen Selbstverlag der Schriftsteller forderte.«

Letzteres war richtig, aber in einem anderen Zusammenhang gesagt worden und hatte schlichtweg nichts mit dem Projekt zu tun. Aber: »Die Genossen ... wiesen die Auffassung zurück, diese Frage als eine untergeordnete Formfrage zu bewerten und betonten ihre politische Brisanz. Nach längerer Diskussion darüber räumte Genosse Plenzdorf ein, daß er dem Gedankengang ... folgen, aber nicht zustimmen könne. Kollege Schlesinger dagegen meinte, daß der bisherige Werdegang der Anthologie schon wieder eine darstellungswürdige Geschichte für sich sei.«

An diesen Satz kann ich mich genau erinnern. Ich muß ihn gesagt haben nach einem langen, zähen Hin und Her, einem dauernden Clinch der Argumente, sicher mit ironisch-bittrem Tonfall, und er sollte Anlaß werden für Hermann Kant, sein Schweigen zu brechen, aber erst später, als wir uns schon erhoben hatten. Noch saßen wir unseren Kontrahenten gegenüber, und Plenzdorf redete in seiner zurückgenommenen Art. »In der Debatte zeigten sich gewisse Unterschiede in den Positionen des Genossen Plenzdorf und des Kollegen Schlesinger. Genosse Plenzdorf sprach wesentlich weniger und argumentierte taktisch klüger.«

Dieses mag stimmen, jenes war reines Wunschdenken: Wir waren damals in fast allem einig, auf jeden Fall in allem, was die Anthologie betraf.

»Kollege Schlesinger wollte zunächst überhaupt keine andere Meinung gelten lassen. Auf die Frage, warum man einerseits nicht bereit sei, die vorliegenden Manuskripte ... im Verband zur Diskussion zu stellen, aber einzelne Arbeiten der Anthologie – wie z. B. die des Kollegen Schlesinger – bereits nach dem Westen gegeben habe, brauste Schlesinger auf und verbat sich solche Unterstellungen.«

Zu Recht, wie ich meine, denn damals war die Veröffentlichung eines Textes im Westen, ohne Lizenzvertrag und ohne Genehmigung des Urheberrechtsbüros, eine Sache, die wir noch nicht wagen mußten. Aber: »Auf die Frage, ob er seine Arbeit zur Veröffentlichung dem Amerikaner Zipser gegeben habe, mußte er jedoch mit Ja antworten.«

Was wie eine erste Überführung des Autors aussieht, mit falschen Karten zu spielen, war, gelinde gesagt, die unverschämte Ausdeutung eines nahezu offiziellen Vorganges. Dick Zipser, ein Germanist vom Oberlin-College, ein beim Verband angesehener und in seiner Arbeit unterstützter Gast, machte zu dieser Zeit Interviews mit DDR-Autoren, unter denen auch solche waren, die wir beispielsweise wegen ihrer staatstragenden Rolle nie zu unserer Anthologie eingeladen hätten. Er sammelte auch Texte, möglichst neue, die er in einigen Jahren erst veröffentlichen wollte, und ich gab ihm meine Geschichte über den Tag des Mauerbaus, die tatsächlich identisch war mit meinem Anthologiebeitrag, aber auch schon ganz offiziell beim Hinstorff Verlag in Rostock lag.

Das Protokoll weiß noch mehr: »Auf die weitere Frage,

ob er über die Anthologie bereits mit Frau Windmöller-Höpker von ›Stern‹ gesprochen habe, antwortete er ebenfalls zunächst mit nein. Dann fügte er hinzu: ›Wenn ich mit ihr darüber gesprochen habe, dann nur auf ihre Frage hin.‹«

Tatsächlich war ich bei der Nennung dieses Namens überrascht. Ich war mir ziemlich sicher, daß ich ihn nicht selbst genannt habe. Ich hatte die sympathische Frau, die als Korrespondentin akkreditiert war, zwei-, dreimal in unserer und in ihrer Wohnung getroffen. Klar, daß das die Staatssicherheit bemerkt haben mußte. Aber woher, dachte ich, wissen es die Leute vom Verband?

Spätestens an dieser Stelle des Gesprächs war ich endgültig von seiner Nutzlosigkeit überzeugt worden, und ich glaube, ich habe während des Rests der Zusammenkunft wenig geredet und nur noch auf ihr Ende gewartet.

Ich ahnte nicht, daß ich auf den Monat genau ein Jahr später abermals hier sitzen würde.

5

Daß mir dieses Mal die zweifelhafte Ehre zuteil wurde, als einzelner vor die Vertreter des Vorstandes in Gestalt von Günter Görlich und Harald Hauser zitiert zu werden, hatte seinen Grund in dem politisch einschneidendsten Ereignis des Jahres 1976: der Ausbürgerung Wolf Biermanns.

Ich hatte dieses Gespräch erwartet. Ich wußte, sein erstes Ziel würde heißen, mich zur Abkehr von meiner Unterschrift unter die Protest-Resolution bzw. zur Einsicht zu bewegen, daß deren Veröffentlichung im Westen ein Fehler gewesen sei, und, wenn weder das erste noch das zweite Ziel erreicht werden konnte, mir doch wenigstens eine relativierende, für spätere Diskussionen im spalterischen Sinn nützliche Bemerkung gegenüber einem meiner Mitpetenten zu entlocken. Darüber war ich mir ebenso klar wie über die Tatsache, daß mir in einem defensiv geführten Gespräch, ob ich wollte oder nicht, irgendein mißverständlicher oder auslegbarer Satz unterlaufen würde, den richtigzustellen es unzähliger Telefonate, Briefe, Gespräche bedurft hätte – mit zweifelhaftem Ergebnis wahrscheinlich, denn in den niederen Bereichen menschlicher Psychologie kannte sich der Parteiapparat mindestens genauso gut aus wie die Regenbogenpresse des Westens, so daß es mich nicht gewundert hat, als nach dem Sturz Honeckers von einem seiner Mitarbeiter kolportiert wurde, die hauptsächliche Lektüre westlicher Zeitungen im Politbüro habe nicht etwa im SPIEGEL oder in der »Zeit« bestanden, sondern in den Springer-Gazetten BILD und BZ, die den pharisäerhaften Grundsatz »Wo Rauch ist, ist auch Feuer« bis zur menschenverachtenden Perfektion getrieben haben.

Mir blieb nichts anderes als die Offensive, und ich hatte einen Anlaß dazu. Diejenigen Kollegen, die die Biermann-Resolution unterschrieben hatten und dem Berliner Vorstand angehörten, waren Ende 1976, wie es hieß, von ihrer Funktion entbunden worden. Die Begründung: Sie hätten sich »in Sachen Biermann an imperialistische Nachrichtenagenturen gewandt und damit objektiv der antikommunistischen Hetze unserer Gegner gedient«.

Der Ausschluß aus dem Vorstand des Berliner Bezirksverbandes geschah am 16. Dezember 1976 mit der knappsten Mehrheit von einer Stimme, und ehe wir uns von der Überraschung erholt hatten, kam Weihnachten heran, kam Silvester – Zeit genug, das kleine geheftete Statut in die Hand zu nehmen, das jedes neue Mitglied des Deutschen Schriftstellerverbandes überreicht bekommen hatte, und zu lesen, daß die Wahlen zum Vorstand alle zwei Jahre stattzufinden hätten. Die letzte Wahlversammlung des Berliner Verbandes war aber im frühen Herbst 1974 ins Rote Rathaus einberufen worden, und so enthielt mein Dankesbrief für die Glückwünsche zu meinem 40. Geburtstag Anfang Januar, in dem der nun um sechs Autoren ärmere Vorstand mir »Gesundheit, reichlich Zeit zum Nachdenken wie zum

Aufarbeiten« wünschte, den Hinweis, »daß wir seit ungefähr drei Monaten einen Vorstand haben, der nicht mehr von den Mitgliedern legitimiert ist«, ich darin »eine bedenkliche Verletzung unserer Statuten« sehe und mir erlaube, »die Einberufung einer Mitgliederversammlung innerhalb der nächsten zwei bis drei Wochen zu fordern«. Eine Kopie des Briefes sandte ich an das Präsidium des Schriftstellerverbandes, dessen Vorsitzende damals noch Anna Seghers war, und erhielt von ihr drei Wochen später die knappe Antwort, der Bezirksverband hätte ihr am Telefon gesagt, daß man mit mir sprechen werde, daß ihr mein Buch »Michael«, welches sie durch Zufall gerade läse, gefalle und wir über manches, was ihr aufgefallen sei, einmal reden könnten. Kein Wort sonst zum Problem.

Ich aber konnte in den kühlen Räumen des Neubaus in der Karl-Liebknecht-Straße nicht nur die Rechtmäßigkeit der Ausschlüsse meiner Freunde und Kollegen bezweifeln, sondern auch die Legitimität meiner beiden Kontrahenten, mit mir über meine Unterschrift unter die Biermann-Petition zu disputieren; zumindest nicht in ihrer Rolle als Vorstandsmitglieder des Berliner Verbandes.

Zu ihrer Ehre sei gesagt, daß sie ernsthaft auf meine Argumente eingingen, wenigstens Görlich, der mich fast beschwor, Verständnis zu zeigen für die fatale Lage der Genossen kurz nach Biermanns Ausbürgerung und ihrer, den Parteiapparat überrumpelnden, innenpolitischen Folgen.

»Aber du weißt doch ganz genau, Kollege Schlesinger«, sagte er und sah mich mit Augen an, deren Ausdruck ich eine gewisse Treuherzigkeit nicht absprechen konnte, »daß wir in dieser komplizierten Situation keine Wahlversammlung einberufen konnten!«

Ich habe diesen beschwörenden, verständnisheischenden Ton noch genau im Ohr. Es war wie eine Falle, dieses Angebot, mich der Not anderer Menschen, dem Verständnis, zu öffnen und letztlich – obgleich anderer Meinung in einigen, vielleicht sogar in vielen Fragen –, letzt-

lich aber doch – im Prinzip, Kollege!, und selbst bei einem
»Ja, aber ...« – der Notwendigkeit auch bitterer Entscheidungen Rechnung zu tragen. Ja, es war eine Falle, in die ich
möglicherweise schon öfter, als ich wollte, getappt war,
früher jedenfalls, die Falle, die *Einsicht in die Notwendigkeit* hieß und deren brutalste Konsequenz mir in den Protokollen der Moskauer Prozesse vor Augen geführt worden war oder in Koestlers »Sonnenfinsternis«.

Ich weiß meine Antwort heute, 14 Jahre danach, nicht
mehr wortgenau, aber ich weiß ihre Tendenz, ich sagte so
etwas wie: »Ihr wußtet also, daß ihr kein Recht dazu hattet!«

Hauser hob seinen breiten kurzgeschorenen Kopf. Görlich sah mir fest in die Augen. Für einen Moment herrschte
Schweigen im Raum.

Manchmal hätte ich gern gewußt, wie sie mich damals gesehen haben. Sie hatten mich spätestens in einem Saal des
Roten Rathauses wahrnehmen müssen, in dem im Herbst
1974 die erste Wahlversammlung des Berliner Schriftstellerverbandes stattfand, an der ich teilnahm. Ich war mit
Ulli Plenzdorf hingegangen, wir waren noch nicht lange
im Verband, galten als Vertreter der jungen Generation, obgleich wir beide schon Mitte Dreißig waren, traten in diesen Jahren, wenn es um offizielle Veranstaltungen ging,
meist paarweise auf, und oft stützte der eine, wenn der andere einen kritischen Diskussionsbeitrag lieferte, ihn mit
tendenziell ähnlichen Argumenten ab.

Wir saßen im vorderen Drittel des Auditoriums nebeneinander, ließen die Redebeiträge in der steifen Sprache der
Rechenschaftsberichte an uns vorbeirieseln, standen in der
Pause am Kalten Bufett, begrüßten, wer uns bekannt war,
sprachen kurz mit Stefan Heym und einigen jüngeren Kollegen. Es lag, wenn ich mich recht erinnere, eine Aura von
Seriosität um diese Versammlung deutscher Schriftsteller,
der wir mit unsrem nachlässigen, der 68er-Generation des

Westens ähnlichen Äußeren so gar nicht entsprachen und entsprechen wollten. Schließlich saßen wir wieder im Saal, die Versammlungsleitung hatte die Kollegin Steineckert übernommen, sie schritt, wie man so sagt, zur Verlesung der Kandidatenliste für die Vorstandswahl, unter vielen nichtssagenden hörten wir gute Namen, Sarah Kirsch, Dieter Schubert, Jurek Becker, Volker Braun und Günter de Bruyn, und dann fragte die Kollegin Steineckert in ihrer munteren Art, ob vielleicht noch jemand einen anderen Vorschlag zu machen hätte, flog mit einem Gute-Laune-Blick kurz über die Versammlung und hatte wohl schon den Satz auf der Zunge »Wenn das nicht der Fall ist, können wir ...«, als ich die Hand hob und in den Saal rief: »Ja, ich.«

Ich schwöre, ich hatte es nicht vorgehabt. Es war so spontan geschehen, wie die Rede der Versammlungsleiterin formalisiert gewesen war. Ich hätte es mir vielleicht auch noch einmal überlegt, wenn ich gewußt hätte, wie unangenehm das Gefühl ist, zweihundert oder dreihundert nicht unbedingt freundlich blickende Augenpaare auf sich zu spüren. Daß es eine Regelverletzung, die Kündigung einer stillen Vereinbarung war, die ich zwar mit keinem getroffen, aber doch mit meinem Beitritt zu diesem Verband akzeptiert hatte, ahnte ich mehr, als daß ich es wußte. Selbst Franz Fühmann, der damals so etwas war wie mein Mentor, empfahl mir ein paar Tage danach die nochmalige Lektüre von Milan Kunderas Roman »Der Scherz« zwecks Studien über die verheerenden Folgen nebensächlicher Ursachen mit einer Schärfe, die ich in unseren Gesprächen nicht gewohnt war. Wahrscheinlich bin ich rot geworden vor Verlegenheit, und es war wohl mehr Trotz, daß ich ihm, so lässig ich konnte, antwortete, man frage mich nun einmal nicht ungestraft, verdammt.

Im kleinen Saal des Roten Rathauses stand ich auf, nannte die Namen Hermlin, Heym und Plenzdorf und setzte mich wieder. Was für ein Gescharre, ein Getuschel, ein Geraune. Neben mir zischte Ulli, ob ich verrückt geworden sei, gerade *er* zwischen all den Etablierten und so!, und ich hätt ihn doch auch fragen können!, während man sich auf dem Podium, nach Sekunden der Ratlosigkeit und forschenden Blicken über die Reihen der potentiellen Wähler, auf einen Weg aus der ungewöhnlichen Situation geeinigt zu haben schien, denn die Kollegin Steineckert hatte ihre gute Laune wiedergefunden und schlug vor, die von mir Genannten erst einmal zu fragen, ob sie denn mit einer Kandidatur einverstanden wären. Allgemeine Zustimmung.

»Also, Stephan Hermlin!«

Ruf aus dem Saal: »Nicht mehr anwesend.«

Ich atmete tief ein.

»Na, dann Stefan Heym!«

»Nicht mehr anwesend.«

Ich verfluchte meine spontanen Neigungen.

»Und Ulrich Plenzdorf?«

Der Mann links von mir erhob sich, seine Unlust andeutend, nur halb aus dem Sitz und nuschelte derart, daß die Leute in den hinteren Reihen die Köpfe heben mußten, um ihn wenigstens andeutungsweise zu verstehen: daß ihn der Vorschlag überrascht habe ... daß er nicht so recht wisse, ob ... und daß er ... –

Ich flüsterte, meine Blamage vor Augen: »Bitte machs, Ulli, machs!«, aber vermutlich hätte ich seine Abneigung gegen den Eintritt ins Establishment mit keiner noch so gewaltigen Beschwörung besänftigen können, wäre der Kollegin Versammlungsleiterin in ihrem Bemühen um einen störungsfreien Ablauf nicht ein krasser, ihre psychologischen Defizite offenbarender Fehler unterlaufen. Die kurze Pause seiner Unsicherheit registrierend, wollte sie ihm wohl eine Art Argumentationshilfe geben, eine goldene Brücke bauen, die ihn vor dem Sturz in den Abgrund der Regelverletzung bewahren sollte, und sie sagte, er, der Kollege Plenzdorf, meine sicherlich, er sei noch zu kurz im Verband, um schon für den Vorstand zu kandidieren?

Ich spürte nachgerade, wie Plenzdorf, dessen erstes Buch, »Die neuen Leiden des jungen W.«, ja auch einen Protest gegen die Hierarchie der Altgedienten beschrieb, sich innerlich aufrichtete, und seine Stimme war jetzt klar und für alle im Saal deutlich zu hören: Nein, das meine er nicht, und er nehme die Kandidatur an.

Ich denke, ich hatte gesagt: Ihr wußtet also, daß ihr kein Recht dazu hattet.

Harald Hauser hatte seinen weißen, kurzgeschorenen Kopf gehoben. Görlich hatte mir fest in die Augen gesehen. Für einen Moment hatte Schweigen geherrscht im Raum. Dann sagte der Schriftsteller Günter Görlich: »Das, Kollege Schlesinger, ist Klassenrecht«, und fügte mit einem Nachdruck in der Stimme, der allen Gesprächen ein Ende setzte, hinzu: »Und die Macht, Kollege Schlesinger, werden wir nie wieder abgeben.«

Kurz darauf bin ich gegangen.

6

Ein Jahr davor, am Freitag, dem 19. März 1975, hatten wir uns von den Stühlen erhoben, erschöpft von der Vergeblichkeit rationaler Argumentation, zogen uns schon unsere Jacken über, als Hermann Kant, aus dem Hintergrund, sein Schweigen brach, und in diesem Moment, da ich die Szene vor Augen habe, bin ich mir nicht mehr sicher, daß er nicht doch schon vorher einmal geredet hatte; daß er es sogar war, der die Frage gestellt hatte, ob ich gegenüber der Stern-Korrespondentin von unserer Anthologie gesprochen hätte, worauf ich überrascht gewesen war, weil ich nicht mit einer so kurzschlüssigen Verbindung zwischen der Staatssicherheit und den Funktionären des Schriftstellerverbandes gerechnet hatte – ja, jetzt bin ich mir sicher, daß er es gewesen war, wie ich mir seines letzten Satzes sicher bin und der Schärfe, mit der er gesprochen wurde:

»Aber, Kollege Schlesinger, ich will die Story der Story nicht im Stern lesen!«

Nicht lange nach diesem Treffen bekamen wir von einem Berliner Verlag, mit dem wir uns versuchshalber in Verbindung gesetzt hatten, die mündliche Nachricht, wenn überhaupt, könne unsere Anthologie nur veröffentlicht werden, wenn wir uns von einigen Texten trennten, vor allem aber von Plenzdorfs »kein runter kein fern«.

Dieser Text ist der einzige unserer Anthologie, über den die Akte des Verbandes eine inhaltliche Aussage trifft. Am 12. 3. 76 hatte eine gewisse Renate an den »Lieben Gerhard!« brieflich die rhetorische Frage gestellt: »… für wen hat Plenzdorf seine mordsmäßige Schweinerei geschrieben und welche Funktion hat sie?« Ihre Antwort: »Diese Prosa soll diejenigen animieren, die aus außerliterarischen Gründen nach einer bestimmten Aussage suchen, d.h. aus politischen Gründen und sich deshalb der ›Qual‹ des Entschlüsselns unterziehen« … Plenzdorf »sucht also … zu erproben, wie weit man in der Kritik an unserem Staat gehen kann«, und sie zieht den Schluß: »Man kommt nicht umhin, es ist nicht mehr nach möglichen guten Absichten von Pl. zu fragen.«

Irgendwann im Frühjahr 76 brachen wir die Arbeit an der Anthologie ab. Wer sehen wollte, wie ernst die kulturpolitischen Maximen des VIII. Parteitages noch gemeint waren, konnte es jetzt sehen. Für uns war es ein Lehrstück über die doppelte Moral der Macht.

Wie heißt es im vorletzten Absatz jenes dreiseitigen Protokolls? »Das Gespräch … verlief in einer sachlichen, offenen Atmosphäre, die eingangs genannten Ziele wurden erreicht.«

Gut ein halbes Jahr später, am 16. November 1976, dem Tag der Ausbürgerung Biermanns, äußerte die Macht sich klarer. Sie schlug sozusagen mit der Faust auf den Tisch. Das Echo sollte sie bis in die Tage begleiten, an dem sie ihr Ende fand.

(1992)

Fragebogen: Zensur

1. Wie und zu welchem Zweck funktionierten Ihrer Meinung nach die verschiedenen Formen von Literaturzensur (z. B. staatliche, ideologische, juristische und Selbstzensur) in der DDR?

Über die Art und Weise, wie Zensur in der DDR funktionierte, geben die Akten des Ministeriums für Kultur einschließlich der der Staatssicherheit eine genauere Auskunft, als ich es je könnte.

Ihr Zweck? Es war der jeder Zensur: Das öffentliche Wissen, das öffentliche Bewußtsein aus Gründen der Machtsicherung zu kontrollieren, zu beeinflussen.

Das Absurde war, ein Autor sollte die Zensur normalerweise nur auf der untersten Ebene, also in Beziehung zu seinem Lektor, erfassen können, indem die Änderungswünsche der Chefs oder des Ministeriums als des Lektors Meinung an den Autor herangetragen werden mußten. Natürlich klappte das nicht lange. Das System hatte mindestens seit dem Mauerbau 1961 so viele undichte Stellen, daß letztlich jeder wußte, wer wann was von wem gefordert hatte. Es blieb nur alles in der Sphäre des Vertraulichen, im Nebel kollektiver Verantwortungslosigkeit, so daß wir, in depressiven Stunden, den Gedanken an eine staatlich sanktionierte Zensur mit weißen Stellen in Büchern und dem Namen des Zensors im Impressum vergleichsweise fortschrittlich fanden.

2. Hat die Ausübung von Literaturzensur Ihre Sprache, Thematik oder ästhetische Position beeinflußt?

Selbstverständlich hatten die Verhältnisse Einfluß auf die Produktion. Wie hätte es anders sein können? In welcher Weise die Einflüsse wirksam wurden, hing von den Autoren ab. Es war auch eine Charakterfrage. Mich haben gesellschaftliche oder staatliche Tabus immer provoziert. War es die Mauer, habe ich sie zum Thema gemacht. Hat die herrschende Ästhetik den Realismus favorisiert, habe ich einen surrealen Ansatz gesucht. Waren Begriffe tabuisiert, schrieb ich derart um sie herum, daß sie, hoffte ich, dem Leser um so klarer vor Augen standen.

3. Wurde eines Ihrer Werke jemals zensiert? Wenn ja, beschreiben Sie doch bitte den Fall.

Nein. Als einmal der Versuch gemacht wurde, endete er damit, daß das Buch (»Leben im Winter«) nur im Westen erschien. Und beim Verbot der zweiten Auflage des Erzählungsbandes »Berliner Traum«, machte sich der Verlag nicht einmal die Mühe, mir Änderungen vorzuschlagen. Er wußte, es wäre zwecklos gewesen.

Es gibt allerdings einen Grenzfall. Ich hatte in meiner Erzählung »Alte Filme« ein satirisches Kapitel über den bekannten, zum 25. Jahrestag der DDR neu gestalteten Alexanderplatz eingeschoben; eine Montage aus Gesprächsfetzen, Reiseführersätzen usw. Mein Lektor, der früh verstorbene, hochgeschätzte Kurt Batt, hielt es für einen krassen Stilbruch und empfahl mir, das Kapitel ersatzlos zu streichen. Ich war mir nicht sicher, ob er das politisch Anstößige mit ästhetischen Argumenten neutralisieren wollte, fügte mich aber schließlich seinem Einwand und warf das Kapitel hinaus. Es war eine Vertrauensfrage, und im Rückblick kann ich sagen, ich war nicht schlecht beraten.

4. Haben Sie jemals Selbstzensur ausgeübt? Wenn ja, unter welchen Umständen, und was war Ihre Motivation?

Zensur ist der Versuch, die Zeit anzuhalten. Sie hatte für mich immer die Gefährlichkeit eines *Papiertigers*. Sie schärft Sinne und Gedanken. Sie schafft eine Sub-Öffentlichkeit, die die marktgeschaffene Öffentlichkeit an Wirksamkeit möglicherweise übertrifft.

Schwieriger ist die Sache mit dem inneren Zensor. Ich brauchte Jahre, um mich »freizuschreiben« – ich meine die Fähigkeit, in Worte zu fassen, was ich empfand. Aber erst als ich den Marktbedingungen des Westens unterworfen war, wurde mir klar, daß der innere Zensor nicht deshalb so gefährlich ist, weil er Gedanken, die nicht »verkaufbar« sind, schon im Status nascendi verwirft, sondern weil er sie gar nicht erst entstehen läßt.

Schon lange bevor ich in den Westen ging, wußte ich, daß hier wie dort die gegen Literatur gerichteten Bedingungen in der Ursache unterschiedlich, in der Folge ähnlich waren. Im Osten war das Schreiben ein politisches, im Westen ein existentielles Risiko. Gleiche Bedingungen herrschten nur in den sogenannten Massenmedien. Ich wollte einmal eine Erzählung fürs Fernsehen verfilmt haben, deren Hintergrund die Hausbesetzungen im Westberlin der frühen achtziger Jahre waren. Noch nie hatte ich so viele Angebote von Regisseuren und Produzenten gehabt, aber noch nie stießen wir in den Redaktionsstuben auf so einhellige Ablehnung. Die Änderungswünsche, über die ich »hintenherum« informiert wurde, unterschieden sich in nichts von denen, die ich, im Vergleichsfall, auch im Ostfernsehen gehört haben würde. Es war schon eine witzige Erfahrung, und ich habe im »Fliegenden Wechsel« etwas ausführlicher darüber geschrieben.

Aber Zensur –? Ich erinnere mich an einen Film, den ich für die DEFA geschrieben hatte und der Anfang der Achtziger im westdeutschen Fernsehen gesendet wurde. Zu meinem Erstaunen hatte die Redaktion ohne Rücksprache mit Regisseur oder Autor zwei wichtige Szenen herausgeschnitten, und als ich mich öffentlich beschwerte und von Zensur sprach, antwortete mir die Redakteurin etwas säuerlich, daß es in der Bundesrepublik keine Zensur gäbe. Allerdings habe sie die »Verantwortung für die

Programmgestaltung«, und sie könne es dem Publikum nicht zumuten, wenn, wie in einer Szene geschehen, beispielsweise ein DDR-Polizist von der »Befreiung Berlins durch die Rote Armee« spreche ...

(1993)

Literatur und Finanzamt

Das Leben ein Roman? – Die Frage meint: Leben wir unser Leben und machen uns, wenn wir wieder einmal vor dem Scherbenhaufen unserer Erwartungen stehen, einen Reim darauf, oder sind wir so frei und entwerfen unsere Tragödien selbst, um beim letzten Akt, statt wie geplant, kalte Tränen zu weinen, in ein großes dürrenmattsches Gelächter auszubrechen?

Beide Varianten setzen das Scheitern voraus und sind, das kann ich Ihnen versichern, durch Erfahrung gedeckt.

Aufgewachsen bin ich mit dem Brechtsatz, daß die leichteste Weise der Existenz in der Kunst sei, und gelernt habe ich, daß das Leben Bewegungsgesetzen folgt, die zu erkennen uns die Kunst hilft. So habe ich als Heranwachsender Bücher gelesen, so habe ich zu schreiben begonnen: getrieben von einem schwer aushaltbaren Konflikt, der viel mit dem frühen Verlust meines Vaters und viel mit der faschistischen Vergangenheit zu tun hatte. Diese Haltung brachte Gewinn. Als Lesender glaubte ich die Welt zu verstehen, als Schreibender wurde ich meine Neurose los.

Später hörte ich, daß es philosophische Schulen gäbe, die eine Erkennbarkeit der Welt leugnen, und daß – auf den Roman bezogen – ästhetische Werte nicht über die Welt Aufschluß geben, sondern über den, der sie »wachsen läßt und prägt und verteidigt, wie man nur Wahrheiten verteidigen kann, die man unbedingt nötig hat«.

Für Thomas Mann ist das, was man das *wirkliche Leben*

nennt, »ein dummer grober verächtlicher Götz«, der erst durch das Denken, vor allem durch den sprachlichen Ausdruck zu einem Erlebnis, zur Geschichte wird.

Der Gedanke hat für mich etwas Faszinierendes: das chaotische, dschungelartig wuchernde Leben nur eine gewaltige, Gott oder der Physiologie gehorchende Bewegung von Myriaden Zellen, nichts als nackte Existenz – und die Fähigkeit dessen, der dem groben Götzen, der auch Klotz heißen könnte, Formen zu geben in der Lage ist, die eigentliche Schöpfung von Leben. Er korrespondierte mit einem Satz des Kollegen H. Gail, der sich mir eingeprägt hat: Jeder Mensch sollte gezwungen werden, *seinen* Roman zu schreiben. Er korrespondierte auch mit einer eigentümlichen Erfahrung, die ich mit meinem ersten Buch gemacht hatte: Ich schrieb aus dem Zentrum einer Figur, deren Geschichte geordnet wurde durch die Frage, die sie, die Figur, bewegte. Zerschlagen die Chronologie, in tausend Splitter zerfallen, was ich unter Entwicklung verstand, dahin der Realismusbegriff, den ich gelernt hatte. Ich glaubte für lange Jahre, daß es so etwas wie Zeit nicht gäbe, sie war nicht vorhanden für mich, weder beim Schreiben noch in meinem Lebensgefühl. Was mich belehrte war die Existenz von Spiegeln und die Tatsache, daß mich Frauen, denen ich mich näherte, plötzlich mit Sie ansprachen: die Realität.

Ich will sagen, daß ich bis heute nicht aus diesem Widerspruch hinausgefunden habe. Bis heute ist mir rätselhaft geblieben, weshalb es Zeiten gibt, in denen ich eine Geschichte mit so leichter Hand aufs Papier bringe, daß jeder Tag, den ich beginnen darf, von der Freude auf die Arbeit, auf die Schöpfung erhellt wird – und Zeiten, in denen ich das Gefühl habe, ich müßte erst ganz tief in mein Grab schauen, bevor ich endlich und unter deprimierender Anstrengung darüberspringen kann.

Mir liegt auch nicht mehr an der Lösung des Rätsels. Weshalb mich die Antwort auf die Frage, die uns zusammengeführt hat, dennoch interessiert, hat einen einfachen, praktischen Grund: meine Steuererklärung.

Seit mich das Finanzamt mit einer ähnlich intensiven Aufmerksamkeit verfolgt wie in meinen letzten DDR-Jahren die Staatssicherheit, bin ich in leidvoller Beweisnot. Ständig muß ich etwas *belegen*, die Füllfeder, den Kopierstift, das Papier, auf dem ich schreibe, letztens sollte ich sogar meine dienstlichen Reisen bis in die letzte Stunde *auflisten*, damit sie mir als betriebliche Aufwendung angerechnet werden konnten.

Wenn wir heute, am 1. April 1990, unsere Frage mit einem gültigen Ja beantworten, wenn wir am Ende sagen können: Das Leben – ein Roman? – Nein. Kein Leben ohne Roman!, wird es mir leichter sein, meinen Sachbearbeiter zu überzeugen, daß mein ganzes volles Leben Romanstoff und damit steuerlich absetzbar ist.

(1990)

Erste Sätze

Für Kuttner und Meier

Daß erste Sätze hilfreich, ja lebensrettend sein können, kann, wer will, bei Albert Camus nachlesen. Er erzählt in dem Roman »Die Pest« von einem Hilfsangestellten namens Joseph Grand, der ein halbes Leben lang nach dem vollendeten ersten Satz sucht und der Seuche beinahe zum Opfer gefallen wäre, hätte er sich im letzten Moment nicht dazu entschlossen, die Suche auch für den Rest seines Lebens fortzusetzen.

Mir helfen erste Sätze, wenn ich im Laden das Buch eines Autors entdecke, dessen Name mir nichts sagt. Weil mich Klappentexte langweilen, suche ich nach dem ersten Satz, und wenn er mir gefällt, lese ich weiter. Irrtümer sind natürlich möglich, denn so viel ein erster Satz sagt, so viel verschweigt er auch. Aber angesichts dieses wahnsinnigen Ausstoßes neuer Bücher weiß ich mir nicht anders zu helfen, und bisher bin ich dabei ganz gut gefahren. Mit dem Satz: »Am Dienstag erwachte ich zu jener seelenlosen und unwesentlichen Zeit, da die Nacht eigentlich schon zu Ende ist und die Morgendämmerung noch nicht begonnen hat«, habe ich den polnischen Surrealisten Witold Gombrowicz entdeckt. Ich sagte mir, wer eine Figur um diese Zeit aufwachen läßt, und dazu noch an einem Dienstag, der hat etwas Außergewöhnliches zu erzählen. Und wenn ein Buch mit dem Satz anfängt: »Robert Cohn war in Princeton Mittelgewichtsmeister im Boxen gewesen«, lese ich es auch dann weiter, wenn der Autor nicht Hemingway heißt.

Ein guter erster Satz öffnet eine Geschichte – in die Zukunft und in die Vergangenheit. Wie ein Doppelpunkt, der ja nach beiden Seiten hin offen ist. Er ist der Auftakt, mit dem wir eingestimmt werden für die Reise in die Welt zwischen den Buchdeckeln, und wenn er wirklich gut ist, liefert er uns Tonart und Rhythmus gleich mit. Ähnlich der Eröffnung beim Schach, die ein ganzes Spiel beherrscht, schlummert in ihm schon der Verlauf der Geschichte samt ihrem bitteren Ende. Anders als beim Schach können wir allerdings höchstens mit Affekten reagieren und am Fortgang nichts, aber auch gar nichts ändern. Ein guter erster Satz spannt den Bogen, mit dem der Pfeil einer Botschaft abgeschossen wird, die uns im Glücksfall mitten ins Herz trifft.

Es gibt wahre Meister des ersten Satzes. Ich denke an Büchner, im »Lenz«: »Den 20. Jänner ging Lenz durchs Gebirg.« Oder an Kleist: »An den Ufern der Havel lebte, um die Mitte des sechzehnten Jahrhunderts, ein Roßhändler, namens Michael Kohlhaas, einer der rechtschaffensten zugleich und der entsetzlichsten Menschen seiner Zeit.« – Goethe im »Werther«: »Wie froh bin ich, daß ich weg bin!« Oder der unübertreffliche Gabriel García Márquez: »Viele Jahre später sollte der Oberst Aureliano Buendia sich vor dem Erschießungskommando an jenen fernen Nachmittag erinnern, an dem sein Vater ihn mitnahm, um das Eis kennenzulernen.«

Für mich haben diese Sätze etwas Magisches. Sie fesseln mich auf so vollkommene Weise, daß ich nicht anders kann, als der Bresche zu folgen, die sie in das dichte Gehölz meiner Trägheit geschlagen haben.

Natürlich gibt es auch anstrengende, zähe erste Sätze. Wer »Effi Briest« in der Schule lesen mußte, weiß, wovon ich rede. Die zehn ersten Zeilen über den Sonnenfall auf die Vorder- und Rückseite eines märkischen Herrenhauses haben mich damals derart eingeschläfert, daß ich die Lektüre des restlichen Buches aufs Rentenalter verschoben habe. Damit meine ich nicht, daß ein guter erster Satz nicht lang sein darf. Thomas Manns Anfangssätze sind nicht kürzer als Fontanes, aber es liegt über ihnen ein solch mildes ironisches Lächeln, daß man sich mit der Gelassenheit eines Menschen, der über ein reichlich gefülltes Bankkonto verfügt, auf sein Sofa legen, eine gute Zigarre anstecken und für die nächsten zwei Wochen aus der Realität unseres anstrengenden Jahrhunderts verschwinden möchte.

Bei meiner Arbeit ist das ganz unterschiedlich. Schreibe ich an längeren Texten, fällt mir der erste Satz meist erst ein, wenn ich ein paar Kapitel fertig habe. Bei kürzeren muß ich ihn aber wissen, bevor ich mit dem Schreiben anfange. Dann dauert die Suche nach dem ersten Satz oft länger als die Arbeit am Text selbst.

Ein guter erster Satz muß nicht immer eine individuelle, er kann auch eine kollektive Schöpfung sein. Ähnlich ist beiden, daß von der Wahrnehmung des Problems bis zu seiner Artikulation eine ganz schön lange Zeit vergehen kann, manchmal sogar vierzig Jahre, bis eine Gesellschaft, die mündig geworden ist, ihrer Obrigkeit zurufen kann: »Wir sind das Volk!« – Ein starker erster Satz für ein Volk, das sich entschlossen hat, seine Geschichte selbst zu schreiben. Er ist so schlagend, so prägnant, daß er zu Variationen geradezu einlädt, sei es, um ihn zu parodieren (»Ich bin Volker«), sei es, um seine Richtung zu ändern: »Wir sind *ein* Volk!« – Der Austausch eines kleinen Wörtchens, eine winzige Betonungsverschiebung, schon nimmt die Geschichte eine völlig gegensätzliche Wendung! Nicht verschweigen will ich eine dritte Variante, die die beiden vorhergehenden sarkastisch zusammenfaßt und seit unserem Beitritt nach Artikel 23 am Bretterzaun einer Kohlenhandlung im Prenzlauer Berg zu lesen ist: »Wir sind ein blödes Volk!«

Neben der Magie des ersten Satzes gibt es natürlich auch eine Magie des letzten Satzes, aber um dahin zu kommen, müßten wir tun, was im Zeitalter der An-Alphabetisierung durch das Fernsehen immer weniger Menschen können: ein gutes Buch bis zum Ende lesen.

(1995)

Letzte Sätze

Für B. F. L.

Es ist eine andere Sache, über letzte Sätze von Büchern zu schreiben als über erste. In diesem Fall konnte ich mich auf Instinkt und Gedächtnis verlassen, griff einfach ins Bücherregal, schlug die erste Seite auf und ließ mir den Raum für die Phantasie mit ein, zwei Blicken öffnen. In jenem war ich meistens gezwungen zurückzublättern, weil mir der Inhalt eines Buches, das ich irgendwann einmal gelesen hatte, nur in seltenen Fällen gegenwärtig ist. Dennoch empfehle ich jedem Lesenden, sich einmal in seinem Leben mit letzten Sätzen zu beschäftigen. Erstens kann er eine Menge guter Bücher noch einmal lesen, zweitens wird er dabei garantiert interessante Entdeckungen machen. Ich zum Beispiel habe entdeckt, wie viele Bücher mir im Laufe der Jahre abhanden gekommen sind. Ich weiß mit Bestimmtheit, daß ich

Uwe Johnsons »Mutmassungen über Jakob« besessen hatte, und an den Kauf von Jorge Sempruns Autobiographie »Friderico Sanchez«, die mir Ende der Siebziger so viel Klarheit über die stalinistische Mentalität verschafft hat, konnte ich mich noch genau erinnern. Mit beiden Büchern wollte ich prüfen, ob ich meinem Gedächtnis trauen kann und tatsächlich Musterbeispiele für letzte Sätze finden würde. Meiner Erinnerung nach hieß es bei Johnson am Ende »Aber er ist immer über die Schienen gegangen« und meinte, daß der Tod des Eisenbahners Jakob kein Unglücksfall war, sei es, daß er ihn selbst oder die ihn visierende Staatsmacht herbeigeführt hatte. Bei Semprun, erinnere ich mich, lief der letzte Satz auf die Essenz einer Szene hinaus, die durch das ganze Buch geführt wurde. Da muß sich der Kommunist Semprun vor dem Politbüro rechtfertigen für seinen Versuch, die lahmende Theorie und die ihr davoneilende Praxis wieder in Übereinstimmung zu bringen, und als alles gesagt ist, bekommt die Pasionaria, die Legende des spanischen Widerstands gegen Franco, das abschließende, alles beurteilende Wort, und ihr fällt in dieser zukunftsentscheidenden Angelegenheit nichts anderes ein als die vernichtenden Worte »Intellektuelle Spinnerei ...«

Am Anfang war ich mir sicher, es müsse verschiedene Typen von letzten Sätzen geben, und ich könnte sie finden und ordnen. Aus dem Gefühl heraus waren mir drei Arten letzter Sätze – oder genauer: Enden eingefallen. Das eine, das epische oder erhabene, trägt uns wie eine Woge hinauf, und wir können für einen Moment über den Ozean unseres Lebens hinausblicken, ehe sie wieder über uns zusammenschlägt. Es ist meistens von offenem Wesen oder hat eine gleichnishafte Bedeutung. Wer Steinbecks »Früchte des Zorns« gelesen hat und sich noch der letzten Szene erinnert, in der eine junge Mutter, deren Baby gestorben ist, einen verhungernden alten Mann säugt, weiß, was ich meine.

Der zweite Typus war das chronistische Ende. Jemand berichtet, wie etwas angefangen hat und wie es zu Ende gegangen ist, sachlich, gleichmütig und anscheinend moralles. Kleistens »Kohlhaas« steht dafür oder Camus’ »Pest«. Hierhinein gehört auch Goethes »Werther«, dessen meisterhafter Anfangssatz (»Wie froh bin ich, daß ich weg bin«) ein mindestens ebenso genial hingeworfenes Pendant hat: »Handwerker trugen ihn. Kein Geistlicher hat ihn begleitet.«

Der dritte Typus, und mir der liebste, war der konzentrische. Dort zielt alles auf einen Punkt, auf einen Satz, auf ein Wort. Ja, es scheint, als stünde alles Vorangegangene nur deshalb dort, um diesen Satz, dieses Wort zur reinsten Wirkung zu führen. Er ist nadelspitz, und wenn er wirklich gelungen ist, dringt er so tief in uns ein, daß wir ihn nie vergessen werden. 25 Jahre war es her, daß ich García Márquez’ »Kein Brief für den Oberst« gelesen hatte, aber noch jetzt stand mir dieses Plädoyer für die Unverzichtbarkeit des Kampfes um die menschliche Würde, das sarkastischerweise mit dem Wort »Scheiße« endet, ganz klar vor Augen, und beim Wiederlesen habe ich alles bestätigt gefunden.

Die Schwierigkeiten begannen damit, daß ich auf weit mehr als drei Typen von Enden stieß: auf parabolische, moralische, metaphysische, ironisch oder ernst verklärende (Goethe in den »Wahlverwandtschaften«; fast der gesamte Fontane) oder auch auf solche, die einen Kreis zum Anfang schließen und in denen die Melodie des Anfangs und des Endes in gleichem Takt schlägt, lakonisch wie bei Gontscharows »Oblomow« (»Und er erzählte ihm, was hier geschrieben steht.«), melodramatisch wie in Hemingways Roman über den spanischen Bürgerkrieg. Im ersten Absatz späht der Protagonist, auf dem »braunen, nadelbedeckten Boden des Waldes« liegend, in Richtung der vom Feind besetzten, durch ihn, Robert Jordan, in die Luft zu sprengenden Brücke. Im letzten, gut 500 Seiten weiter, ist die Brücke gesprengt, und er liegt hinter einem Maschinengewehr und gibt, den sicheren Tod vor Augen, seinen fliehenden Compañeros Deckung vor der Übermacht der herannahenden Falangisten: »Er fühlte das Pochen seines Herzens an dem Nadelboden des Waldes.«

Die nächste Schwierigkeit bereitete mir die Entdeckung, daß letzte Sätze gar nicht immer dort standen, wo sie zu stehen hatten: am Ende einer Geschichte. Ich kann mich täuschen, aber ist Koestlers »Sonnenfinsternis«, der intensivste Roman über die selbstvernichtenden Kraft geschlossener Denksysteme, der mit dem Satz »Die Zellentür schlug hinter Rubaschow ins Schloß« beginnt, nicht in dem Moment – fünf Absätze früher als tatsächlich – zu Ende, da der Revolutionär Rubaschow den Kellergang hinabschreitet, hinter sich Henker der Revolution und vor sich »nichts als die Wüste und die Finsternis der Nacht«?

Und – fällt mir jetzt ein – folgte dem vernichtenden Urteil der Pasionaria in Sempruns Autobiographie, der mir als letzter Satz im Gedächtnis geblieben ist, nicht noch eine halbe Seite Prosa, die ich völlig vergessen habe?

Vollends unsicher, ob meine Annahme stimme, der letzte Satz guter Geschichten müsse genauso intensiv gesucht werden wie der erste, wurde ich bei einem meiner Lieblingsbücher, bei Döblins »Berlin Alexanderplatz«, dessen am Schluß stehende Montage städtischer Sprüchelyrik so gar nicht meiner Vorstellung (und meiner Erinnerung) von einem klassischen Ende entsprechen wollte. Ich schlug zurück, las mit wachsendem Gefesseltsein die Geschichte vom Verschwinden der Mieze, schlug weiter zurück, kam auf Reinhold, kam auf die Schlachthofszene und auf Hiob und den ganzen biblischen Ansatz dieses deutschen Jahrhundertbuches und fing alles von vorn an, von der Fahrt mit der Elektrischen 41 aus dem Tegeler Knast in die große Stadt Berlin, in die Sophienstraße und an den Rosenthaler Platz, wo ich früher einmal lange gewohnt habe. Ich las das Buch noch einmal ganz und gar durch. Danach lief ich zwei Tage lang herum wie geplättet, und irgendwann wußte ich plötzlich, wie es gewesen war bei den guten Büchern, die ich gelesen hatte – bei allen guten Büchern. Ungefähr kurz nach dem letzten Drittel wuchs in gleichem Maße, wie ich dem Ende zustrebte, die Furcht, ich müßte das Haus der Geschichte, in dem ich mich gerade so gut eingerichtet hatte, wieder verlassen. Ich wollte gar nicht, daß sie zu Ende geht. Und ihr letzter Satz war mir immer egal gewesen.

Daß ich mich nach meiner Lektüre der Biberkopf-Geschichte auch zwei Tage lang gefragt habe, ob nicht schon alles geschrieben ist, was zu schreiben sich lohnt, will ich nicht verschweigen; auch nicht, daß eine derartige Frage für einen Schriftsteller deprimierende Folgen haben kann. Glücklicherweise hatte ich auch noch den »Ferdydurke« von Gombrowicz aus dem Regal gezogen, und indem ich so in ihm herumblätterte, passierte mir das gleiche wie beim Döblin, und ich las mich fest in der Geschichte vom Kampf zwischen »dem Popo« und »dem A...«, zwischen Jugend und Reife, vom fröhlichen, mühsamen, eitlen und lächerlichen Ringen um das, was man heutzutage Identität nennt. Ich ging getröstet und sogar lachend aus der Beschäftigung mit den letzten Sätzen von guten Büchern heraus, wissend, daß das Ringen um die Form des Lebens so lange dauern wird wie das Leben selbst, und mit Gombrowiczens, immer noch nachhallenden, letzten Sätzen im Ohr:

> »Schluß und Punktum!
> Wer es las, der ist dumm!«

(1997)

II.

Widerstand zwecklos!

Brief nach Island

Sie wollen den letzten Satz wissen, den ich geschrieben habe? Komische Frage – aber warum nicht? Es ist schon eine Weile her und war im Schloß Wiepersdorf, wo ich mich ein paar Monate als Stipendiat aufhielt, und er hieß: Es ist eine Freude zu leben. – Keine Bange, der Satz stammt nicht von mir, auch wenn mich die romantische Aura des Anwesens derer von Arnim mit all seinen Schloßgeistern wieder einmal derart harmonisierte, daß ich gar nicht mehr in die Stadt zurück wollte. Aber es wird Sie interessieren, daß sein Urheber Viktor Klemperer ist, dessen Buch über die Sprache des Dritten Reiches Sie mir in meinen jungen Jahren so eindringlich zur Lektüre empfohlen hatten. Er hat ihn in seinem bayerischen Fluchtort unter dem Datum des 5. Mai 1945 ins Tagebuch geschrieben, als das Hakenkreuz vom Gemeindehaus hastig entfernt und das Hitlerbild im Ofen verbrannt worden war.

Ich hatte das reizvolle Angebot, aus den drei-, viertausend Seiten, die er in den zwölf finsteren Jahren zu Papier brachte, einen Tagebuch-Monolog für das Radio zu filtern, und ich dachte, dies sei der Satz, der das glückliche Ende seines zähen Beharrens auf einer deutschen Identität krönen könnte.

Daß er meiner Stimmung nur bedingt entspricht, will ich betonen. Nicht, daß es mir im ganzen schlecht geht, im Gegenteil. Mein Kontostand ist momentan befriedigend, die Wohnverhältnisse sind es ebenfalls, und was die Liebe betrifft – – nein, kein Wort mehr! Wie sagten Sie immer, wenn Sie einen glücklichen Umstand erhalten wollten: Unberufen toi toi toi ...!

Leider bin ich nicht der Mensch, den eine privat glückliche Lage in den Zustand allgemeiner Befriedigung ver-
setzt. Seit unser Ländchen so mächtig gewachsen ist, hatte
ich tatsächlich nur ein einziges Mal das Empfinden, ich
könne mich mit dem neuen Deutschland versöhnen. Eines
Morgens, als ich in meiner Wohnung, die übrigens wieder
im Osten liegt, erwachte, war es plötzlich da: ein Gefühl
von beschwingter Konsistenz, leicht und harmonisch, alles
schien einfach geworden, ja sogar übersichtlich. Weg diese
Spannung zwischen den Polen der Mächte, die mich, ob
ich wollte oder nicht, den größten Teil meines Lebens beherrscht und manchmal beinahe zerrissen hatte. Weg der
beklemmende Druck der Politbüroherrschaft, die meinem
ganzen Temperament widersprach. Und kein flaues Gefühl
mehr beim Passieren der zweihundert Meter Straße, die
einst Checkpoint Charly genannt wurde ...

Frohgestimmt, wie ich war, stieg ich in die gerade wieder
eröffnete Linie 2, Pankow Vinetastraße–Ruhleben, fuhr
über Potsdamer Platz hoch hinaus zum Gleisdreieck, diesem riesigen Schienenkreuz der U-Bahnfahrten meiner
Kindheit. Damals hatte ich immer im letzten Wagen gesessen, auf dem Platz des Beifahrers, den es im Osten noch
länger gab als im Westen, hatte die Gleise, die Häuser hinter mir fliehen sehen und mich schon auf den Moment gefreut, wenn die quittegelbe Schlange der kreuzenden Linie 1
von dem schwarzen Loch mitten in der Fassade eines
Wohnhauses verschluckt wurde: Ein atemberaubender Anblick für einen Sechs- oder Siebenjährigen!

Dann die schroffe Kurve Richtung Zoo und weiter bis
Nollendorfplatz. Wie oft war ich hier in meiner Schöneberger Zeit gewesen, habe mit den Kindern im türkischen
Basar Bahnhof Bülowstraße ein Glas Tee getrunken oder
bin über den Trödelmarkt Bahnhof Nollendorfplatz ge-
schlendert – eine Touristenbahn fuhr im Schildkröten-
tempo zwischen den zur Mauerzeit umgewidmeten Bahn-
höfen hin und her –, das war schon in meinen ruhigen

Westberliner Jahren. In den wilden aber, Anfang der Achtziger, bin ich durch Schwaden von Tränengas und qualmenden Barrikaden durch die Bülow, die Maaßen, über den Winterfeldtplatz gehetzt, den Kopf zwischen den Schultern, daß ihn kein Stein, kein Polizeiknüppel treffe.

An jenem glücklichen Vormittag stieg ich Nollendorfplatz aus, trank im Berio einen Milchkaffee und sann dieser Zeit mit einem Gefühl hinterher, als hätte ich das ganze Leben noch vor mir. Der Zustand verging erst, als ich wieder in die östliche Stadtmitte eintauchte. Nein, nicht wegen des wüsten Gebrülls der Bagger, die noch immer den halben Osten aufreißen, nicht wegen der grellen, budenhaften Ödnis am Alexanderplatz oder der trüben Schaufenster ruinierter Geschäfte. Die Gesichter der Menschen waren es; ein ganz bestimmter Ausdruck in ihnen, der mich aus der Empfindung sanftester Harmonie gleichermaßen in äußerstes Erschrecken wie tiefstes Mitgefühl stürzen ließ, so daß ich schon, mit Grombrowicz, lauthals ausrufen wollte: Liebe Leute, wer zum Teufel hat euch eine solche Fresse gemacht!, als mich ein düster blickender Passant im Vorbeigehen mit einem kräftigen Rempler auf den Boden der Tatsachen zurückholte. Ich wußte ja alles oder hatte es geahnt, damals, als die Mauer gefallen war und die eilig eingeflogenen und vors Schöneberger Rathaus gezogenen Politiker der Bundesrepublik pathetische Stereotypen sprachen und am Schluß, zur Krönung des Ganzen, die dritte Strophe des Deutschlandliedes anstimmten. Meingott, haben wir damals gelacht. Wer sich heute über den labilen Zustand einer Gesellschaft wundert, die sich dem Osten vor sieben Jahren mit dem Begriff Soziale Marktwirtschaft empfahl, dem rate ich das Abhören der kleinen Schallplatte, die dieses Ereignis festgehalten hat. Da standen sie nun, die Parteivorsitzenden, Bürgermeister, Außenminister und Bundeskanzler, und dann sangen sie, und es war niemand unter ihnen, der die Melodie über mehr als eine halbe Strophe halten konnte. Es war ein Beispiel von Disharmonie und Dilettantismus, das für beinahe alles stand, was dem Prozeß der Vereinigung zweier so unterschiedlich verfaßter Staaten folgte. Verstehen Sie mich richtig: Ich hätte es vermutlich nicht besser gekonnt. Aber singe ich in der Öffentlichkeit?

Wissen Sie noch, wie wir vor beinah zwanzig Jahren, manchmal mit unserem Freund Fühmann, durch die Straßen Prenzlauer Bergs oder Friedrichshains spaziert sind? Wer kam auf die Idee, wir sollten angesichts des fortschreitenden Verfalls dem Politbüro vorschlagen, unser Ländchen für zehn, fünfzehn Jahre an die Bundesrepublik zwecks Modernisierung zu verpachten? Sie haben so fröhlich gelacht bei dieser Vorstellung und gleich ein paar Details hinzugefügt: Natürlich müsse es behutsam geschehen, unter aktiver Teilnahme aller Betroffenen – und natürlich mit garantiertem Gewinntransfer. Aus der Traum!

Was tatsächlich geschah, soll Ihnen eine kleine Anekdote illustrieren. Wir waren in Wiepersdorf ein gemischtes Häufchen von Foto- und Konzeptkünstlern, Malerinnen und Malern, Wissenschaftlern und Schriftstellern, ein Drittel Ost, zwo Drittel West, wir saßen dreimal täglich beim Essen zusammen und stellten einander jeden Mittwoch unsere Arbeiten vor, und manchmal redeten wir auch über unsere Erlebnisse in den dramatischen Wochen Ende 1989. Ein Leipziger war dabei und erzählte von Untergrundzeitschriften und Demonstrationen; ein Dresdener von seinen Gefühlen beim Anblick eines westlichen Supermarkts; und einmal sagte ein junger Komponist aus Westfalen, der schon lange in Westberlin wohnt, in eine Pause hinein, er sei das erste Mal mit seiner Charlottenburger Tante in den Osten gekommen, und zwar auf dem Fahrrad, kurz nach Öffnung des Brandenburger Tores. Staunend seien sie die Linden hinuntergefahren, vorbei an der Staatsbibliothek und der Humboldt-Uni, an der Linden-Oper und dem Kronprinzenpalais, und kurz vor dem Zeughaus, auf der Höhe der Neuen Wache, sei seine Tante vom Rad gestiegen, habe noch einen Blick auf die wiedererstandenen klassizistischen Bauten geworfen und, nach einem erleichterten Seufzer, ausgerufen: Ist das nicht schön, daß das jetzt alles wieder uns gehört? –

Sechs Jahre sind Sie jetzt fort, nicht wahr? Eine lange Zeit, und ich kann sagen, ich vermisse Sie. Es ist mir ja verständlich, daß jemand in einen Sommerurlaub aufbricht und plötzlich einen Ort findet, den er nicht mehr verlassen möchte. Aber Reykjavík?

Sie haben sich nie erklärt, und ich hoffe, daß mein schwärmerischer Bericht, den ich Ihnen vor so vielen Jahren von meiner Zehntagereise nach Island gab, keinen Anteil daran hatte. Nicht, daß ich etwas zurücknehmen will! Lange Zeit war es für mich tatsächlich die beeindruckendste Reise gewesen, die ich je unternommen hatte. Und das nicht nur wegen der Leute, die ich unsereinem – trotz der krassen geographischen und klimatischen Divergenzen – so ähnlich fand, jedenfalls in der Mentalität, in diesem Fatalismus, mit dem sie auf den nächsten Vulkanausbruch warteten wie wir auf den nächsten Parteitag. Gegenüber einer Gesellschaft, deren Polizisten keine Waffen tragen müssen, empfinde ich nun mal grundsätzlich Sympathie. Und wer einmal vor dem kleinen, von kopfhohem Drahtzaun umgebenen Giebelhäuschen gestanden hat, an dessen Mauern zwei, drei hohe Leitern gelehnt waren, und er erfährt, dies sei tatsächlich das Landesgefängnis – der kommt über seine heimatlichen Verhältnisse ins Grübeln. Dennoch – damals war ich mir sicher, ich könnte hier nicht leben. Auch wenn alles auf so angenehme Weise zwei Nummer kleiner war und alles immer um die Ecke lag. Und ich wußte auch, warum. Ich hätte Furcht bekommen vor der Finsternis, die mich so viele Monate im Jahr umfangen würde, und wenn ich es recht überlege, auch vor der ewigen Helle des Sommers. Ich wohnte damals mit Marie bei einer deutschen Künstlerin in Reykjavík, gleich am Tjörninsee. Schon nach der zweiten, fast schlaflos verbrachten

Sonnennacht baten wir um Verdunkelung, unsere Freundin verhängte alle Fenster mit Nessel und verhalf uns wenigstens zu einem nächtlichen Dämmer. Aber nach einer knappen Woche war unsere Sehnsucht nach dichten, keinen Schimmer durchlassenden Vorhängen so stark gewachsen, daß wir es nicht mehr aushielten und in ein Hotel namens Borg zogen. Oder hieß es Holt?

Andererseits sind sechs Jahre keine lange Zeit in der Geschichte einer Stadt. Aber wenn ich bedenke, was seither passiert ist, bekomme ich einen Schreck. Obgleich Ihre Zeilen ein so beschwingter Ton durchzieht, daß ich nicht glaube, Sie hätten die Absicht, bald zurückzukehren – täten Sie es, vielleicht besuchsweise, Sie hätten wohl jetzt schon Schwierigkeiten, sich zurechtzufinden. Die Administration, die inzwischen vom Rathaus Schöneberg ins Rote Rathaus umgezogen ist, beseitigt die Spuren der Zwischengeschichte des Berliner Ostens mit einer Intensität, die sie in den letzten Jahren nur noch beim Schuldenmachen aufgebracht hat. Ob Straßennamen oder repräsentative Neubauten, beinahe alles stand oder steht in Berlins Osten zur Disposition, als solle spätestens zu Beginn des nächsten Jahrtausends nichts mehr daran erinnern, daß hier einst vierzig Jahre lang ein anderes System etabliert war.

Das ist nicht immer nur ärgerlich. Ich habe mich zum Beispiel gefreut, daß ich jetzt wieder Jägerstraße statt Otto-Nuschke-Straße sagen kann, wenn ich den Weg zu Kleistens letzter Berliner Adresse vom U-Bahnhof Französische in die Mauerstraße beschreibe. Es hat mich auch beeindruckt, daß die Wilhelm-Pieck nicht in Elsasser und Lothringer zurückverwandelt wurde. Offenbar ist der Administration rechtzeitig der Grund für die vielen Umbenennungen in den fünfziger Jahren eingefallen: Es sollte die Erinnerung an einst deutsch regierte oder von Preußen eroberte Gebiete nicht via Straßennamen im kollektiven Gedächtnis behalten werden. So hat man sich bei der Namensfindung auf eine Zeit verständigt, in der sie noch

Torstraße hieß und am Oranienburger Tor aus der Friedrichstadt heraus in den sandigen, seinerzeit unbebauten Nordosten führte. Eine rührende, geschichtsbewußte Geste in Richtung des westlichen Verbündeten Frankreich, finde ich. Nur daß ein ähnlich sensibler Umgang mit unserem östlichen Nachbarn nicht für nötig befunden wurde und die Dimitroff nun wieder Danziger heißt, irritiert mich noch immer. Dabei will ich gar nicht glauben, daß es eine politisch bewußte Handlung war. Eher möchte ich es auf ein unterschwelliges Besitzdenken – besser: Besitz*gefühl* zurückführen, und so wie heute die lange als verloren geltenden Ansprüche aufs immobile Gut zwischen Oder und Elbe von der zweiten und dritten Generation energisch geltend gemacht werden, hofft man, fürchte ich, auf eine Zeit, in der die vergilbten Dokumente aus der deutschen Periode Pommerns, Schlesiens und Ostpreußens vielleicht doch noch ihren Wert zurückbekommen.

Sie wissen, ich bin ein Zweckpessimist. Ich rechne mit dem Schlimmsten und bin dann erleichtert, wenn es nicht eintritt. Ich habe herausgefunden, daß es gar keine schlechte Art ist, sich das Leben erträglich zu machen. Was nicht heißt, daß ich nun ständig mit diesem Kassandra-Gefühl durch die Stadt laufe. Es gibt auch im realen Kapitalismus eine Menge heiterer Dinge, und seien es Kleinigkeiten wie die Entdeckung, daß sich der unerschöpfliche Gestaltungswille der Westberliner Büro-Elite nun auch über die Nummern unserer Straßenbahn hergemacht hat. Lachen Sie nicht, sie wird jetzt offiziell *Tram* genannt, und was bei Döblin noch als Sechsundvierzig oder Dreiundsechzig durch den Alexanderplatz-Roman zockelte, heißt nun tatsächlich Zweiundfünfzig bzw. Dreizehn, aus der Vierundsiebzig ist die Drei, aus der Drei die Dreiundzwanzig, aus der Neunundvierzig die Fünfzig und aus der Zwoundzwanzig die Dreiundfünfzig geworden. Das hat uns Eingeborenen nicht einmal die Diktatur zugemutet!

Den Rest besorgt die Privatisierung. Kein Hotel, das

noch den gleichen Namen trägt; das Metropol nennt sich Maritim, das Stadt Berlin Forum, das Palast Hotel Radisson Plaza. Unser Berolina hinter der Mokka-Milch-Eisbar, in dem wir so manchen Vormittag verbracht haben, ist allerdings ebenso spurlos verschwunden wie die Säulenkonstruktion des Außenministeriums. Gegenüber, im Palast der Republik, herrscht Totenstille. Wir warten auf seinen Abriß, der zwar, auch von westlicher Seite her, umstritten ist, aber ich wette, er steht für die Politiker so fest wie die nächste Fahrpreiserhöhung, und sie lauern nur auf einen günstigen Moment, den Bau rückstandslos zu entsorgen. Wie habe ich ihn einst ignoriert, und wie sehr bin ich heute an seinem Erhalt interessiert. Nostalgie? Mag ja sein, aber ich hänge auch an den schattigen Seiten meiner Geschichte, und ich würde es weniger tun, wüßte ich nicht, sie holte uns wieder ein, könnten wir uns ihrer nicht ständig vergewissern.

Inzwischen hoffe ich tatsächlich, es ginge den Damen und Herren Investoren das Geld aus, so daß doch noch einiges stehenbliebe von dem, was zu unserer Geschichte gehört. Für das Espresso im Lindencorso wäre es allerdings zu spät. Mitsamt seinem eigentümlichen Überbau ist es einem Block gewichen, der einem Bunker ähnlicher sieht als dem ein wenig niedlich, aber immer einladend wirkenden Ort meiner Erinnerung. Ich muß nicht erst die Augen schließen, so gegenwärtig ist mir das Interieur der siebziger Jahre. Wie viele Sätze sind mir dort eingefallen, wie viele Einfälle habe ich notiert, meist an dem Zweiertisch vor der Garderobe, es sei denn, Schubi der Boxer saß an der Theke – dann habe ich mich zu ihm gesetzt. War aber der dicke Gitarrenspieler anwesend, dem wir auf russische Weise den Vatersnamen Dilettantowitsch gaben und von dem ich erst jetzt erfuhr, daß er auch noch den konspirativen Namen Ernst trug, floh ich in die hinterste Ecke.

Verschwunden der Vorplatz mit der Terrasse, mit dem Rosengarten und dem kleinen Springbrunnen. Man hat das neue Haus bis an den alten Bürgersteig vorgezogen, jedes Stückchen Boden nutzend, und als ich neulich davor stand, habe ich wieder einmal begriffen, was die Essenz der Veränderung war, die, gewünscht oder nicht, vor sieben Jahren über den Osten hereinbrach. Ich habe mir vorgestellt, es sei noch Honeckerzeit, ihr Ende nicht absehbar, und ich säße, wie ich es öfter getan habe, inmitten der Büroangestellten aus der Umgebung auf dem Rand des Brunnens, hörte das Plätschern der kleinen Fontänen, und plötzlich sagte mir eine Stimme: Heb deinen Hintern, Junge, du sitzt auf zwanzigtausend Westmark! – Damals hätte ich mit dem Finger an die Stirn getippt, heute zucke ich mit den Achseln, denn inzwischen ist ein einziger Quadratmeter in der Mitte meiner Geburtsstadt bei der Transformation vom Gebrauchswert zum Tauschwert tatsächlich so teuer geworden.

Daß bei solchen Preisen die Gier nach Land raubtierhafte Züge annimmt, hat wohl nur naive Gemüter wie meines überrascht. Solch eine Stimmung muß unter den Leuten, die das nötige Kleingeld in der Tasche hatten, um es in Windeseile zu verzehn-, zu verhundertfachen, in der Berliner Gründerzeit geherrscht haben. Nicht nur mir hat es den Atem geraubt, wenn etwas über die Geschäfte mit dem immobilen Volkseigentum in die Öffentlichkeit drang. Aber kaum hatte man Luft geholt für einen Empörungsschrei, kam die nächste Mieterhöhung ins Haus, und man rannte zur Rechtsberatung, um wenigstens die unverschämtesten Anschläge auf das frisch gewonnene Westgeldeinkommen abzuwenden; erfolglos meist.

Unsere Presse? Ach, du meine Güte! Entweder war sie längst zu Tode konkurriert, oder die *Richtlinienkompetenz* der Redaktionen lag fest in den Händen der neuen Chefs aus Hamburg oder München. Wer sich in zwanzig Jahren über diese unsere Zeit durch die Presse informieren will, muß den Eindruck gewinnen, die Stimmung sei optimistisch und bar jeden Zweifels gewesen. Bei der Beschreibung des Baugeschehens werden eine Menge expressiver

Verben verbraucht, man überschlägt sich in Superlativen (»Größte Baustelle Europas!«), als wäre die Bewegung einiger Millionen Tonnen märkischen Sandes schon ein Wert an sich. Es ist tatsächlich das Lebensgefühl der fünfziger, sechziger Jahre, das da vermittelt wird, als man in Ost wie in West von den städtebaulichen Möglichkeiten der Flächensanierung fasziniert war und sechsspurige Autobahnen als Fortschritt galten. Noch in den Siebzigern wurde Westberlins Wedding, der dem Prenzlauer Berg zum Verwechseln ähnlich sah, so gut wie geschleift, und als die Sanierer nach Kreuzberg und Schöneberg griffen, erhob sich ein Protest, der die westliche Stadt fast bis zur Mitte der Achtziger erschütterte. Als alles wieder befriedet war, schien wenigstens eines erreicht: Nie wieder sollte ein Haus der Abrißbirne zum Opfer fallen, und tatsächlich, ich habe in meiner Westberliner Zeit nur noch sanfte, um den Erhalt jeder noch so verfallenen Spur der städtischen Baugeschichte bemühte Politiker erlebt. Genau bis zur Vereinigung. Da sagte man plötzlich *Blockbebauung* statt *Flächensanierung*, und schon waren allein in Berlins Mitte 128 alte Häuser verschwunden.

Nun wird gebaut. Und wie! Und in welchem Tempo! Sie würden Bauklötzer staunen, gingen Sie heute durch unsere Ostberliner Karrees! Die südliche Friedrichstraße ist so gut wie neu entstanden; die Baulücken des Krieges, auf denen vierzig Jahre lang meist Pflanzenwuchs stattfand, sind mit Bürohäusern aus Glas und Stahl geschlossen worden; an der Spree wuchsen Turmbauten, halb Luxuswohnung, halb Geschäftsbau; und den Potsdamer Platz werden Sie bestimmt nicht mehr wiedererkennen. Ach, es ist so viel passiert, daß Sie, falls es Sie noch interessiert, um einen Besuch nicht herumkommen werden. Mir aber ist wieder einmal mehr klargemacht worden, daß der wirtschaftliche Wettlauf, den unsere Herrschaften damals so zuversichtlich begonnen hatten, nie zu gewinnen gewesen war.

Und jetzt habe ich Ihre Stimme genau im Ohr und höre

Sie mit diesem leicht strengen Unterton, den Sie immer bekommen haben, wenn ich den Kapitalismus lobte, die alles entscheidende Frage nach der Qualität stellen. Stimmts?

Die Antwort fällt mir nicht leicht. Im ersten Moment will ich beim Anblick neuer Bauten immer die Hände über dem Kopf zusammenschlagen und ausrufen: Das kann doch nicht wahr sein! – Aber Vorsicht. Ich muß mich ja nur auf den Wandel in meinem Verhältnis zur alten Stalinallee besinnen. Damals, Anfang der Fünfziger, haben wir hämisch und voller Verachtung auf diesen Moskauer Zuckerbäckerstil geschaut und jeden der sachlichen Neubauten, die im Westen und dann auch im Osten entstanden, mit Erleichterung begrüßt. Das änderte sich spätestens nach den ersten Fernsehbildern von den Satellitenstädten und erst recht, als die Produkte der industriellen Fertigung auch in Berlin aus dem Boden schossen, drüben im Märkischen Viertel oder in der Gropiusstadt, hüben zuletzt in Marzahn und Hellersdorf. Jetzt sah ich die Stalinallee in einem ganz anderen Licht, und daß ich ihren Ursprung bei einem Besuch in Manhattan entdeckt hatte, als da inmitten dieser aufregenden Stadtlandschaft ein Turm der Lomonossow-Universität hervorragte, mag ein übriges getan haben. Seither war ich jedenfalls, wenn ich vom Strausberger Platz zum Frankfurter Tor lief, um die Erkenntnis bereichert, daß ein süßliches Gesicht immer noch besser ist als gar keines. Und neulich, als ich, ein Stückchen weiter östlich, wieder an einem erst vor drei Jahren errichteten Eckhaus vorbeifuhr, das sich durch seine futuristisch in den blassen Berliner Himmel ragenden Stahlstangen, seine bunten, an die Nierentischzeit erinnernden Fassadenornamente so gar nicht in den grauen Ton einer typischen Häuserzeile des Berliner Ostens einordnen wollte – neulich nahm ich es wahr wie einen alten Bekannten. Wer weiß, ob ich mich nicht irgendwann zum Verfechter der Architektur unserer Jahre wandele, auch wenn ich mir nur schwer vorstellen kann, daß ich dem Klotz, der an die Stelle der alten Ringbahnhalle, S-Bahnhof Frankfurter, getreten ist oder der erst in Fragmenten sichtbaren, von lehm- bis kotbraunen Partikeln besetzten Fassade am neuen Potsdamer Platz jemals näherstehen könnte als einem ungebetenen Gast.

Schade, daß man Bauwerke nicht abwählen oder mit Dauerdemonstrationen zum Rücktritt zwingen kann. Dabei haben wir Städtebewohner noch Glück, daß der größte Teil unserer Gemeindefläche schon bebaut ist. Wenn ich die Stadtgrenze Richtung Oderbruch verlasse, um auf das Stückchen Land zu fahren, das mir durch den geschichtlichen Glücksfall der Bodenreform aus den riesigen Besitztümern der Hardenbergs zugefallen ist, bewege ich mich durch beiderseits der Landstraße wachsende, massige Quader, in die früher blühende Landschaft gesetzt wie Lego-Steine aus der Spielzeugkiste eines Märchenriesen, und ich bewundere nur den sprachlichen Umgang mit diesem westeuropäischen Phänomen, das in der Terminologie der Politiker und Ökonomen *Speckgürtel* genannt wird, wo sich doch eher Begriffe wie Gürtelrose oder Krebsgeschwür assoziieren. Was für Mengen von Beton sind in den letzten sieben Jahren auf die Landschaft meiner Erinnerung gegossen worden, nur um all die Autos der potentiellen Kundschaft für die Zeit des Konsums ruhigzustellen. Jedes Frühjahr fahre ich mit bangem Herzen hinaus. Ab Kilometer 60 fällt mein Blick zuerst auf das Storchennest des Turmes von M., und ich beruhige mich erst, wenn ich dieses und die drei bis zu meinem Ziel bei Kilometer 65 folgenden Nester wieder besetzt finde. Ich vermute, ich erlebe es nicht mehr, aber wenn einst die Angleichung ostdeutscher an westdeutsche Lebensverhältnisse geschehen sein wird, schlage ich dem Chronisten dieses Prozesses den Titel vor Die Vertreibung der Störche.

Sie werden mir sagen, mein Ressentiment gegenüber der Gesellschaft habe sich seit der Zeit vor zwanzig Jahren, in der wir noch gemeinsam durch den Osten spazierten, nicht groß geändert. Stimmt schon, und ich muß mir manchmal wirklich Mühe geben, es nicht auch auf die Menschen zu übertragen. Als ich neulich in einer der vielen Kneipen saß, die rund um den Kollwitzplatz gewachsen sind, kam mein Freund Floyd, ein gebürtiger Spandauer, vorbei, mit dem ich in der Schöneberger Großkommune neun Jahre lang zusammen gewohnt habe. Wir begrüßten uns überschwenglich, ich fragte, was man in solchen Momenten fragt: Wie gehts? und: Wie kommst du denn hierher?, und er sagte, na, er wohne jetzt hier, gleich um die Ecke, und bei der Nennung der Adresse, Kollwitzstraße!, ging ein solches Leuchten über sein Gesicht, daß ich für den Rest der Unterhaltung in abweisende Einsilbigkeit verfiel. Später habe ich mich dafür geschämt, und wann immer ich nun durch den Prenzlauer Berg schlendere und auf die jungen, meist süddeutsch sprechenden *einzelnen* stoße, die unseren alten Bezirk okkupiert haben, rufe ich mir in Erinnerung, wie vorurteilslos ich damals von der Gruppe junger Leute, die die beiden Häuser in der Potsdamer Straße besetzt hatten, aufgenommen wurde. Wenn es nun einmal *hip* oder absolut *cool* ist, zwischen Frankfurter und Oranienburger Tor Quartier zu nehmen – was soll dagegen sprechen? Und mir fiel auch ein, wie ich Anfang der Achtziger, kurz nach meinem Wechsel in den Westen, mit der Dichterin Marie durch halb West-, Süd- und Nordeuropa gereist bin und wie sehr sie darunter gelitten hat, den Osten, in dem sie geboren und aufgewachsen war, nicht mehr betreten zu dürfen; und einmal, nach einem vergeblichen Versuch, die Grenze gemeinsam zu überschreiten, sagte sie in einem ihrer seltenen rührenden Momente: »Aber die Welt gehört uns doch allen. Und wir haben doch nicht so viel Zeit.« – Bevor Ihnen die Tränen kommen – nehmen Sie diese letzte Passage als einen persönlichen Beitrag zur Verständigung zwischen den Völkern der BRD und der DDR im siebten Jahr ihrer Zusammenlegung.

Reste von Ressentiment bleiben ohnehin, und wenn ich dann einen Mittzwanziger am Kollwitzplatz aus einem

Achtzigtausendmark-Kabriolett steigen und einen dieser unbeschreiblichen, besitzergreifenden Blicke um sich werfen sehe, weiß ich, was die Stunde geschlagen hat. Es ist ein Vorbote der unsympathischsten sozialen Schicht, die ein Volk sich leisten muß. Und wenn es ihm und seinesgleichen hier gefällt, gebe ich dem Bezirk keine zehn Jahre mehr, und er hat nicht nur die Hälfte, sondern auch den Rest seiner einstigen Bewohner verloren.

Auch deshalb fühle ich mich in meiner eigenen Stadt manchmal wie ein Gast, und wenn ich es gegenüber meinen westlichen Mitbürgern äußere, stoße ich meist auf Unverständnis. Mein Freund Bernhard zum Beispiel schüttelte den Kopf und sagte, er könne zu keiner Stadt *meine Stadt* sagen, so ein Gefühl kenne er nicht. Er ist in Freiburg geboren, in Osnabrück und Westberlin aufgewachsen, hat in München und Hamburg gelebt, wollte gerade für ein paar Jahre nach Ostasien, als die Mauer fiel und er sich entschloß, doch wieder nach Berlin zu gehen. Kein untypischer Weg für Intellektuelle westlicher Prägung: sie folgen meist dem Angebot von Arbeit, in jungen Jahren dem für die Eltern, später dem für sie selbst. Dabei ist mir wieder eingefallen, wie wenig Adressen ich im Vergleich zu meinem Westleben im Osten hatte und daß die Existenz im Realsozialismus wohl vor allem etwas für seßhafte Menschen war.

Übrigens gibt es, dieses bestimmte Gefühl betreffend, noch eine andere Unterscheidung zwischen den Ost- und den Westmenschen, jedenfalls denen unserer, der älteren Generation. Im Pratergarten bin ich darauf gekommen. Da saß ich an einem Tisch im Garten, es war ein Samstagnachmittag im vergangenen Frühling, der wieder viel zu kurz war, eine schwäbelnde junge Bedienung brachte mir mein Mineralwasser, und plötzlich stand ein Bild vor mir auf: Dort, wo jetzt die Bühne ist, sah ich einen großen Trümmerhaufen, und auf diesem Trümmerhaufen stand ich selbst, und mit mir eine ganze Reihe junger Leute aus unserem Jazzklub, und wir klaubten Steine aus dem großen Haufen und reichten sie in einer Kette weiter, und unten wurden sie mit einem Hammer von den alten Mörtelresten befreit und ordentlich gestapelt. Wann war das? Fünfundfünfzig, Sechsundfünfzig? Und gab es davon nicht ein Foto? Und indem ich nachdachte, stiegen Wörter, die ich längst vergessen glaubte, aus dem Schlamm des Unterbewußten an die Oberfläche: *Aufbaustunden*, dachte ich und grinste in mich hinein und sah eine Klappkarte aus Pappe vor meinen Augen, darauf Marken geklebt waren ähnlich denen, die man früher für Rabatte sammelte, und nun strömte es im Pratergarten in der Kastanienallee nur so aus mir heraus, *Selbstverpflichtung, Aufbau*lotterie, Nationales *Aufbau*programm, goldene *Aufbau*nadel – und wie diese Begriffe zur Stimulierung freiwilliger, unbezahlter Arbeit alle hießen. Wir hatten das ganze agitatorische Theater immer belächelt, aber wir entzogen uns ihm nicht, und vielleicht liegt es auch daran, daß ich heute von *meiner* Stadt spreche und davon, daß ich mich immer stärker wie ein Gast in ihr fühle.

Das Unverständnis, auf das ich dann treffe, nehme ich nicht mehr zur Kenntnis. Lange genug habe ich mich darüber gewundert, daß die schönen politischen Witze, die ich in den Westen mitgebracht hatte, nur fragende Gesichter hinterließen, bis ich dahinterkam, daß der Humor der jungen Leute dortzulande, statt, wie bei uns, auf der Absurdität der Verhältnisse, auf der Schadenfreude der Comic strips und der Trickfilme beruhte. Wäre mir die Gabe der Theoriebildung gegeben, würde ich gerne eine Typologie des Ost- und des Westmenschen entwerfen. Stoff habe ich genug gesammelt, aber er gerinnt mir immer nur zu Anekdoten. Sie wissen, ich bin nach dem Mauerfall mit meinem Westfreund Bernhard in die Jägerstraße nach Mitte gezogen, wo ich früher schon einmal gewohnt hatte und jetzt durch den Tip eines Kollegen eine leere Wohnung fand. Es war in der Zeit des Umbruchs, und meinen Freund habe ich noch nie so gefesselt gesehen. Tagelang lief er herum, fotografierte alles und schrieb für die Zeitung lange Artikel über sein neues Leben im Osten. Nach zwei Jahren zog ich in eine andere Wohnung. Wir besuchten uns manchmal, telefonierten öfter oder trafen uns im Café, und einmal, wir saßen in der Clara, dort, wo der Genosse Höpcke einst unsere Bücher zensieren ließ – in der Clara also, zehn Minuten von der Jägerstraße entfernt, verquatschten wir uns wie üblich, es war spät geworden, und er bat mich, ihn schnell nach Hause zu fahren, und kaum hatte ich das Auto gestartet, zweihundert Meter weiter, sagte er zu mir: Jetzt mußt du auf die linke Spur!, und ich rief: Aber Bernie, ich bin hier zu Hause!, und er schwieg eine Weile, aber als wir in die Behrenstraße einbogen und die Wilhelmstraße überquerten, brach es gleichsam aus ihm heraus: Und jetzt die nächste Straße rechts!

Ach, ich könnte Ihnen noch Dutzende Momente der Differenz schildern, etwa wie ich durch die Kaufhäuser irrte, um mir mal wieder einen schwarzen Pullover zu kaufen, und wie ich nur steingraue, opelgelbe, smaragdgrüne und aralblaue, aber keine schwarzen fand, und wie ich erschöpft und voller Enttäuschung über den Kapitalismus von einer Augsburger Bekannten mit dem Satz belehrt wurde: In diesem Winter würde ich auch kein Schwarz mehr tragen! – Oder wie ein junger Journalist aus Nordrhein-Westfalen auf meine Fassungslosigkeit angesichts einer riesigen, gerade installierten Coca-Cola-Leuchtschrift am südlichen Hochhaus des Strausberger Platzes mit Verwunderung reagierte und mir versicherte, ihm gefiele die Installation, und sie schmücke doch das recht kahle Gebäude!, und wie ich es aufgab, mit ihm zu streiten, weil er zeit seines Lebens nie eine Innenstadt ohne die beruhigende Abwesenheit von Reklame erlebt hatte und daß ihm unvollständig, ja geradezu nackt erscheinen mußte, was ich als sinnliche Vergewaltigung empfand – aber das ist wohl ein anderes Thema.

Ich weiß, ich bin alles andere als ein Kenner moderner Architektur. Ich erlebe sie wie jeder beliebige Städtebewohner, eher naiv als bewußt, aber ich bin doch noch in der Lage, das menschliche Maß eines Bauwerks – wie soll ich sagen? – zu empfinden. Jedenfalls ist es einfach so, daß ich mich zwischen den Häusern Kreuzbergs oder Prenzlauer Bergs körperlich wohler fühle als in den Hochbausiedlungen der Neuzeit, und seien sie noch so komfortabel und avantgardistisch ausgelegt. Neulich, als ich zur Gedenkfeier für Jurek Becker zu spät kam und in dem überfüllten Saal der Akademie im Hansaviertel keinen Zentimeter Platz mehr fand, machte ich mit meiner Liebsten einen Spaziergang am Ufer des Spreebogens. Dort hatte man neben dem alten Bolle-Gelände eines der besseren Beispiele moderner Architektur aus luftigem, spiegelndem Glas und beinah freundlich schimmerndem Metall errichtet. Es hat die Form eines großen Magneten, an dessen zur Uferseite liegenden Polen zwei wirklich imposante Türme über Tiergarten und Moabit ragen. Wir gingen auf die nächste Brücke und schauten abwechselnd aufs linke, aufs rechte Ufer, minutenlang, und konnten uns nicht helfen. Beim Vergleich mit der Front der gegenüberliegenden Bürgerhäuser aus den Gründerjahren – gestatten Sie mir das saloppe Wort – stinkt der noch vergleichsweise schöne Bau einfach ab.

Nicht vorenthalten möchte ich Ihnen ein anderes Detail unseres Spazierganges. Wir passierten gerade den Ziegelbau der alten Melkerei, der jetzt ein Hotel beherbergt, als ein leichter Wind aufkam, und indem wir uns auf die Brücke zubewegten, hörten wir rechts von uns einen leisen eindringlichen Ton, der sich, als wir in seine Richtung gingen, mit jedem Schritt verstärkte und auf der Höhe eines kühn in die Fabrikanlage integrierten Klinkerneubaus zu einem rätselhaften, ja gespenstischen Heulen anschwoll. Einen Moment lang glaubten wir, Zeuge überirdischer Phänomene geworden zu sein, aber es waren mitnichten die klagenden Seelen der Opfer unseres Wohnungsmarktes. Es war eine Äußerung der Strömungsgesetze gasförmiger Körper, die man nun wirklich keinem gelernten Baumeister anlasten kann. Oder doch –?

Natürlich habe ich gleich an den Bau unseres Fernsehturmes denken müssen, dessen Wachstum ich Ende der Sechziger auf dem Weg zum Kindergarten meines ältesten Sohnes jeden Morgen und jeden Abend verfolgen konnte. Wie waren die Herren damals stolz, als endlich die Kugel montiert werden konnte, die im Zentrum der Stadt vom Triumph sozialistischer Technik ebenso zeugen sollte wie von der Schöpferkraft unserer führenden Partei, an deren Spitze, Sie erinnern sich, damals der Genosse Walter Ulbricht stand.

Segment für Segment fügte sich innerhalb von, ich glaube, vierzehn Tagen zu einem kugeligen, beinahe kristallinen Gebilde, und als es fertig montiert war und als es der erste Sonnenstrahl traf, formte sich an seiner äußersten Stelle, weithin sichtbar, ein blendendes Kreuz aus purem Licht, und es strahlte so lange, bis seine Quelle hinter den Dächern von Berlin verschwand.

Sankt Walter nannten wir fortan höhnisch, was nach dem Willen der Abteilung Agitation und Propaganda unter uns einfachen Leuten eigentlich Telespargel hätte heißen sollen. Manche sagten auch Die-Rache-der-Marienkirche, auf den mittelalterlichen, neben dem Monument nun so unscheinbar wirkenden Christentempel verweisend. Es hieß, Architekt Henselmann habe gegenüber der Parteiführung bedauernd, aber jede Schuld von sich weisend, die Schultern gehoben.

Optik hätte er lernen sollen.

Ich weiß, wenn unsere Vorstellungen Gestalt annehmen würden, wir wären ihre ersten Kritiker. Mich stört ja gar nicht so sehr, daß die Damen und Herren vom Ressort Stadtentwicklung nun nach ihren Vorstellungen bauen lassen. Mich stört nur die Diskrepanz zwischen Anspruch und Ergebnis. Sie feiern den Neuaufbau Ostberlins mit einem Getöse, als führe er mit Riesenschritten ins nächste Jahrtausend. Aber schaut man sich die Ergebnisse an, findet man, was in den westeuropäischen Metropolen schon vor zehn, fünfzehn Jahren zu sehen war. Weiß der Himmel warum, aber selbst die herausragenden Produkte zeitgenössischen Häuserbaus bleiben weit zurück hinter der Kraft, dem Schwung und der Zuversicht, die – zum Beispiel – das Shell-Haus am Reichpietschufer ausdrückt. Oder erst Mendelsohns Mosse-Haus! Ich habe es als Fotografie aus den zwanziger Jahren über meinen Schreibtisch gehängt, sehe es jeden Tag mit Wohlwollen an und frage mich, warum so etwas nicht mehr zustande gebracht wird.

Wenn es stimmt, daß Architektur ein Ausdruck der herrschenden Verhältnisse ist oder, wie ich es gerade bei unserem Kollegen Peter Schneider las, »daß es Macht, Geld, Kunstsinn und den Pioniergeist eines Potentaten oder eines selbstbewußten Bürgertums braucht«, um eine schöne Stadt zu bauen – dann muß es an einer oder mehreren dieser Voraussetzungen mangeln. An Macht wohl nicht, an Geld auch nicht, an Kunstsinn – das stellen wir mal zurück. Der Potentat ist auch noch nicht zu sehen. Aber wie steht es mit dem Bürgertum?

In meiner Westberliner Zeit bin ich der Oberschicht selten näher gekommen. Offenbar verkehrten wir nicht in denselben Kneipen. Nur einmal habe ich den Zufall genutzt und einen Regierenden Bürgermeister angesprochen, um die Legalisierung der beiden besetzten und von polizeilicher Räumung bedrohten Häuser in der Potsdamer Straße, in denen ich eine Art Asyl gefunden hatte, zu befördern. Ein anderes Mal habe ich seinen Nachfolger im Amt, während der Gedenkstunde für einen verstorbenen Publizisten, von Berlin als einer *in der Mitte Deutschlands* gelegenen Stadt reden hören. Glücklicherweise hatten wir damals den Vertrag schon in der Tasche.

Ich muß mich also mit einem Umkehrschluß begnügen

und sage: Wenn sich in der neuen Architektur der seelische Zustand des deutschen Bürgertums ausdrückt, scheint es nicht zum besten mit ihm zu stehen. Seit den Zeiten von Mosse und Mendelsohn ist ja auch eine Menge passiert. Es kann nicht ohne Folgen geblieben sein, daß vor gar nicht langer Zeit selbst in den Blättern des Finanzkapitals Zweifel an einer Wirtschaftsform geäußert wurden, die bei Strafe des Untergangs zum ewigen Wachstum verurteilt ist. Und welch ein Trauma muß es für die so mächtige, halb Europa dominierende Oberschicht gewesen sein, als sich die eigenen Töchter und Söhne mittels Kidnapping, Plastiksprengstoff und Präzisionsgewehren gegen sie wandten? Tiefer will ich gar nicht bohren, sonst kämen wir noch darauf, daß die Arisierung genannte Aneignung des Besitzes jüdischer Deutscher nicht durch Krethi und Plethi, sondern durch das nichtjüdische deutsche Bürgertum erfolgte.

Genug Stoff für eine kollektive Neurose, oder –? Ich vermute, das deutsche Bürgertum war seelisch auf die neue Lage nicht vorbereitet. Zu überraschend war die Macht der selbsternannten Vertreter des vierten Standes zerbrochen. Und wem will man da verübeln, daß er seine Zweifel, sollten sie je vorhanden gewesen sein, beiseite schiebt, wenn so plötzlich ein riesiger, aufnahmewilliger Absatzmarkt vor einem liegt? Augen zu und durch! Vielleicht ist das sogar eine Therapie.

Wir Eingeborenen aber werden mit dem neugebauten Osten leben müssen. Was bleibt uns anderes übrig? Seit die inneren Berliner Angelegenheiten von einem Bundeswehrgeneral regiert werden, kommen wir uns ohnehin wie Ertappte vor, die in ihrem Versteck die Stimme aus dem Megaphon hören: Sie sind umstellt. Widerstand zwecklos!

An jenem Tag vor dem Schöneberger Rathaus, von dem ich Ihnen berichtete, sah ich das noch anders. Da begann im gleichen Augenblick, als eine sonore Stimme die Versammelten aufforderte, nun gemeinsam das Deutschlandlied zu singen, ein ohrenbetäubendes Pfeifen und Johlen, das den dissonanten Gesang bis zum Schluß begleitete. So leicht, dachte ich damals, wird man es nicht haben mit diesem bunten Berliner Volk.

Das Pfeifkonzert ist längst verstummt. Der Gesang geht weiter. Erinnern Sie sich noch der beschwörenden Worte, mit denen die Damen und Herren aus der Politik das Eingreifen deutscher Soldaten bei der Neuordung Europas, die auf dem Balkan damals in vollem Gange war, aus geschichtlichen Gründen kategorisch ablehnten? Zwei Jahre darauf zogen sie, ohne größeren Protest hervorzurufen, in Bosnien und Kroatien ein, und eben, abermals zwei Jahre später, lese ich in einer Rede des gegenwärtigen Präsidenten, ob die Erfahrung mit der Geschichte des Nationalsozialismus die deutsche Bundesrepublik zum militärischen Einsatz außerhalb des NATO-Bereichs nicht geradezu verpflichte. Noch endet der Satz unseres höchsten Repräsentanten, den er übrigens in den USA sprach, mit einem Fragezeichen, aber rhetorische Fragen werden ja gestellt, damit jene, für die sie bestimmt sind, die gewünschten Antworten selbst geben.

Natürlich weiß ich, daß die Identifizierung der Bundesrepublik mit dem Deutschen Reich der Nazis, die meine linksradikalen Freunde in den achtundsechziger Zeiten so gerne herbeidiskutierten, ebenso hanebüchen war wie die heute von politisch rechter Seite so gern beschworene Kontinuität zwischen dem deutschen Faschismus und dem Sozialismus der SED. Von meinen bescheidenen Erfahrungen einmal abgesehen, ist es mir bei der Lektüre von Klemperers Tagebüchern noch einmal bestätigt worden. Aber eben diese Tagebücher haben mir auch wieder klargemacht, wie leicht – und vor allem: in wie kurzer Zeit – sich winzige, für harmlos gehaltene Feuerchen in Flammenstürme verwandeln können; und leicht entzündliches Material, um im Bild zu bleiben, sehe ich in meiner näheren Umgebung jeden Tag. Ich muß nur in den Zeitungsladen gehen, um Zeuge von Dialogen zu werden, deren xenophobische Tendenz nicht zu überhören ist. Auf dem Boden des mal fröhlichen, mal dumpfen Gleichmutes unserer realsozialistischen Jahre ist eine lauernde Aggressivität gewachsen, von der ich fürchte, daß sie sich weniger gegen ihre Verursacher als gegen den Nachbarn richtet oder, ebenso schlimm, gegen alles, was fremd, was anders ist. Das macht mir Angst, hat mich aber nicht überrascht. Quasi über Nacht sind die Leute durch den Wechsel der Gesellschaftsordnung auf den Wissensstand von Zehnjährigen zurückgefallen, und ich wette, sie fühlen sich gegenüber der neuen Gesellschaft ebenso dumm wie ich, als ich nach meinem Übergang von Ost nach West vor den kulturellen Meinungsführern der ehemaligen BRD saß. Jahrelang war ich von Sprachhemmung befallen, war ich unsicher, ob der Begriff, den ich gerade aussprechen wollte, gegenüber meinen unbewältigten Erfahrungen noch Bestand hatte, mußte ich manchmal mitten im Satz innehalten und nach dem passenden, die verworrenen Tatbestände einigermaßen treffenden Wort suchen – vergebens meist.

Seien Sie so gut und kommen Sie mir jetzt bitte nicht mit dem Souverän, der am 18. März 1990 den Parteien von der *Allianz für Deutschland* ein so eindeutiges Votum gegeben hat, und sagen Sie bitte nicht mit diesem leicht schadenfrohen Unterton, ich selbst hätte ja zeit meines Daseins in der DDR durch anhaltendes Plädoyer für die Demokratie zum derzeitigen Zustand beigetragen. Erstens bin ich noch immer weit davon entfernt, dem derzeit gängigen Muster zu folgen, das Demokratie und Kapitalismus gleichsetzt. Zweitens wissen Sie so gut wie ich, unter welchen Voraussetzungen jene Wahl geschah. Wer achtundzwanzig Jahre der Isolation ausgesetzt war, den mußte die ebenso überraschende wie plötzliche Konfrontation mit dem ökonomisch fortgeschrittensten Land Europas aller Nachdenklichkeit, aller Vernunft berauben. Ich erinnere mich doch noch heute der Verzauberung, als ich nach elf

Jahren Absenz im Dezember 1972 zum ersten Mal wieder westlichen Boden betrat. Aus einer nicht gerade armen, aber doch von Mangel beherrschten Gesellschaft in eine der Überproduktion kommend, glaubte ich in einer Art Paradies gelandet zu sein, und ich stehe – das wissen Sie! – nun wirklich nicht im Verdacht des Konsumismus. Ich brauchte drei Reisen, um zu schärferen Blicken fähig zu werden, um den Preis zu erahnen, den ich zahlen muß, will ich unter gleichen Umständen existieren. Und haben Sie mir nicht selbst erzählt, wie erniedrigend die Tatsache ist, plötzlich vor vollen Schaufenstern zu stehen und das falsche Geld in der Tasche zu haben? Mein Zustand damals, im Jahr 1972, war jedenfalls der eines unter Schock, Kultur-, nein: Zivilisationsschock stehenden Menschen, und ich glaube, es ist Ihnen und unseren sechzehn Millionen Landsleuten im Jahr nach der Maueröffnung nicht anders gegangen. Wer weiß, wie die Leute entschieden hätten, wäre ihnen etwas mehr Zeit zugestanden worden und hätten sie die Konsequenzen gewußt, die die eilige Aufgabe der Währungshoheit für ihr persönliches Leben haben würde? – Auch eine rhetorische Frage, werden Sie sagen, aber es gibt einen Indikator, der meinen Zweifel stützt. Als die beiden Bundesländer Brandenburg und das vereinigte Berlin per Volksentscheid zusammengeschlossen werden sollten, erlebte ich einen musterhaft demokratischen Prozeß der Meinungsbildung. Ein ganzes Jahr lang konnten die davon Betroffenen das Für und Wider einer Vereinigung abwägen; sie fanden sogar den Vertragstext in ihren Briefkästen. Was sollte auch passieren? Damals, bei der deutschen Vereinigung, bekamen die Abgeordneten der Volkskammer gerade drei Tage Zeit, um den komplizierten, von zwei alerten Herren ausgehandelten Text zu lesen – besser: zu überfliegen. Inzwischen waren es nur wenig unterschiedene, ach: es waren Gesellschaften mit identischer Struktur: gleiches Geld, gleiche Wirtschaft, gleiche Gesetze, gleiche Parteien. Aber am Tag der Abstimmung fand sich nur in Westberlin eine Mehrheit für den Zusammenschluß; Ostberlin und Brandenburg stimmten in trotziger Einmütigkeit dagegen. So konsternierte Politiker habe ich auf dem Fernsehschirm lange nicht sehen dürfen, und sie werden erst im nachhinein erleichtert gewesen sein, daß sie damals die Gunst der Stunde genutzt und die deutsche Vereinigung nicht einem gleichen demokratischen Procedere unterworfen haben.

Ich will nicht so tun, als hätte ich die Weisheit mit Löffeln gefressen. Ich war beim Mauerfall ebenso ratlos wie viele meinesgleichen, meine Gefühle schwankten zwischen Glück und böser Ahnung, und einen Entwurf für eine unabhängige DDR hatte ich nicht parat. Als Uwe Kolbe im Sommer vor Honeckers Sturz nach Alternativen zur Vereinigung mit der BRD fragte, schrieb ich ihm nur, ich wolle auf keinen Fall, daß die Deutsche Bank auch am Prenzlauer Berg das Sagen bekäme, und nicht nur, weil ich bei ihr in der Kreide stünde. Wer an einem geschichtlichen Wendepunkt so wenig Konkretes beisteuern kann, darf sich nicht wundern, wenn er ein Jahr später in der Prenzlauer Allee Ecke Stubbenkammer Straße das Café Mosaik sucht, in dem die *feindlich-negative Gruppe* um Kolbe sozusagen residierte, und er statt dessen eine Filiale der Deutschen Bank findet.

Ich will auch Geschäftsleuten nicht vorwerfen, daß sie bei Baisse zugreifen statt bei Hausse. Und daß sie die östliche Industrie abschafften, statt sie zu modernisieren, ist ebenso logisch. Welcher Unternehmer ist schon so dumm und investiert in seine Konkurrenz? Das wirtschaftliche Potential der Bundesrepublik reichte nun einmal aus, um den Bedarf von sechzehn Millionen neuen Konsumenten zu decken. Mich hat nur erschüttert, daß das Argument, der Staat hätte übernommen werden müssen, weil er pleite gewesen sei, bei der Mehrheit unserer Mitbürger auf Glaubhaftigkeit stieß. Vierzig Jahre Schulung!, und nicht einmal die Erkenntnis ist hängengeblieben, daß der Staat ein politisches Gebilde ist und nicht pleite gehen *kann*, es sei denn, es werde politisch gewollt. Da kann es schon vorkommen, daß ich in sarkastisch gestimmten Momenten jeder abgewickelten Montiererin, jedem in den Vorruhestand geschickten Chemiker, jedem arbeitslosen Sozial-Utopisten zurufen möchte: Schluß mit dem Gejammer! Welcher Lohnabhängige auf dieser Welt hatte schon das Glück, 40 Jahre lang niedrige Mieten, garantierten Arbeitsplatz und minimale Kriminalität zu genießen, und das alles bei geringster Selbstverantwortung?

Sie sehen, ich habe die Konsequenzen, die das Verschwinden der DDR für mich hatte, unterschätzt, und ich vermute, ich werde noch lange nach Erklärungen suchen, warum es so kommen mußte und nicht anders. Ich habe ja jetzt schon Schwierigkeiten, das Bild, das ich Anfang Achtzig von der DDR in den Westen mitgenommen hatte, so klar zu reproduzieren, wie ich es damals vermochte. Und je stärker die Zahl der Äußerungen über ihren Charakter wächst, desto mehr Mühe habe ich, sie mit meiner Erfahrung in Deckung zu bringen. Daß der Begriff Totalitarismus im Moment der gängigste zu sein scheint, ist ja auch Ihnen aufgefallen, und ich muß mich noch für Ihren Hinweis auf Hannah Arendt bedanken, die, wie Sie schreiben, schon in der Sowjetunion nach dem XX. Parteitag 1956 die Kriterien für einen totalitären Staat nicht mehr erfüllt sah. Ich habe nachgelesen und war erstaunt, wie klar diese kluge Frau, die wohl mehr von der Sache verstand als wir alle, die Zustände beschrieben hat. Nichtsdestoweniger hält sich der Begriff im politischen Journalismus mit einer Zähigkeit, wie sie nur die Sportreporter zu Zeiten deutscher Zweistaatlichkeit bewiesen haben, wenn sie die Ergebnisse von Olympischen Prüfungen referierten: Auf Platz eins kam Schulze aus der DDR, bester Deutscher war Meier, der Platz sieben belegte.

Korrigieren Sie mich, aber ich bin der Überzeugung, wir haben von der DDR immer als von einer feudal geprägten

Gesellschaft gesprochen, zu ähnlich war der Gestus, wenn wir uns schriftlich an Honecker wandten, dem Gestus etwa Kleists, wenn er seinem König schrieb. Mein Freund Roland, der den Marsch durch die Institutionen der Verlage antrat, um den Erreger Literatur in der Gesellschaft virulent zu halten, glaubte einmal sogar, Ähnlichkeiten zum mittelalterlichen Ständestaat zu entdecken. Und als Tadeusz Brezas Roman »Audienz in Rom« erschien, der den Versuch eines Priesters schildert, seinen vom Vatikan exkommunizierten Vater zu rehabilitieren – haben wir ihn mit seiner genauen Schilderung der Vatikanbürokratie, der Dogmenbesessenheit, des Unfehlbarkeitsanpruchs nicht so gelesen, als spielte er in Moskau nach Chruschtschows Rede? Warum hat damals niemand von Diktatur gesprochen? Aus reiner Opposition? Weil die offizielle Doktrin mit dem Begriff von der Diktatur des Proletariats sich einige Jahre dazu bekannte?

Was würden Sie sagen, wenn Sie läsen, im Unterschied zur nackten Despotie sei die DDR nicht nur eine Diktatur, sondern sogar eine *moderne* Diktatur gewesen? *Ich* denke sofort an das Gelächter, das wir uns, zumindest seit Honecker, über die Macht geleistet haben, sei es privat oder, wozu wir immer seltener Möglichkeit hatten, öffentlich. Ich denke an die Unmasse Papier, die die Aktenschränke der Staates bis zur Funktionsuntüchtigkeit verstopften. Ich denke an den Opportunismus der Macht, die bei der geringsten Unruhe unter denen, die sie *unsere Werktätigen* nannte, zu glätten und zu beruhigen versuchte. Und ich denke an die Mühe, die sich die Abteilung XX/7 aus der Normannenstraße gemacht hat, um eine Abhöranlage in unserer Wohnung zu installieren, und dann funktionierte sie nur einmal, beim Probelauf. Ich meine, nicht mal eine ordentliche Diktatur haben die Herrschaften hingekriegt.

Sicher, Bautzen ist mir erspart geblieben. Aber ich sage mir: Bekommt beispielsweise die Bundesrepublik nicht auch ein anderes Gesicht, wenn man sie aus der Perspektive von Stuttgart-Stammheim oder Moabit betrachten muß?

Unsicher bin ich dennoch. Bei meinen tastenden Versuchen, die Meinung meiner Mitmenschen über die DDR in Erfahrung zu bringen, komme ich mir langsam vor wie ein Reporter, der einen ihm völlig unbekannten Gegenstand recherchiert. Es schwanken die spontanen Aussagen zwischen den Extremen Polizeistaat und Sozialstaat, wobei jene häufiger von Geistes-, diese häufiger von Handarbeitern benannt werden. Einer plädierte für den Begriff proletarischer Absolutismus, mit dem ich mich befreunden könnte, würde er die mentale Kleinbürgerlichkeit reflektieren, die die organisierte Arbeiterbewegung Deutschlands immer ausgezeichnet hat. Und Freund Dieckmann, Friedrich, erinnerte an das Wort vom Monopolsozialismus, das er bei Peter Handke fand und das die realsozialistischen Verhältnisse auf die eines Konzerns zurückführt, nur schlechter organisiert.

Natürlich habe ich nicht vergessen, daß persönliche Meinungen für einen Rechercheur das unsicherste Material von der Welt sind und daß sie ganz schnell in andere Richtungen wandern, ändert man nur die Perspektive. Am deutlichsten habe ich es bei einem Umschüler erlebt, der in meiner neuen Wohnung einen Sanitärschrank installierte und am Kaffeetisch, mein Lieblingsthema berührend: DDR? War wohl nisch! rief und dann eine winzige Pause machte, wie um mir Zeit zur Reaktion zu geben. Ich bin mir sicher, hätte ich spontan zugestimmt, wären wir wohl für den Rest der Zeit mit der Wiedergabe opferträchtiger Anekdoten über unsere Unterdrückung beschäftigt gewesen, aber ich verzog keine Miene, und so fügte er zwei, drei Sekunden später mit dem Ausdruck allerhöchster Glaubwürdigkeit hinzu: Ick hatte allerdings nischt auszustehen! – Danach erzählte er mir über seine Existenz als Arbeiter eines volkseigenen Baubetriebes in einer Weise, die ich Interessierten als Beitrag für die Beschreibung eines soziologisch merkwürdigen Vorganges zur Verfügung stellen könnte: der Ausbeutung eines Arbeiterstaates durch die arbeitende Klasse.

Wie sehr wir geneigt sind, aus der Not eine Tugend zu machen, kann ich aus eigener Erfahrung bezeugen. Und wenn ich in Diskussionen über die vernichtenden Seiten unseres Beitritts öfter die – manchmal mit ratlosem, manchmal mit drohendem Unterton gestellte – Frage höre: Ja, wollen Sie denn die alten Zustände wiederhaben?!, und die Befragten ganz schnell den Kopf schütteln und abwiegelnde oder empörte Handbewegungen machen, wird mir klar, wie dumm sie ist, diese Frage, und mir fällt immer die Anekdote von Moische ein, der aufgefordert wird zu sagen, ob er stolz darauf sei, Jude zu sein, und der nach kurzem Überlegen antwortet: Wenn ich nicht stolz bin, bin ich auch Jude. Also bin ich doch lieber stolz!

So halte ich mich immer weniger an die Realität von Meinungen als an die von Zahlen, und danach sieht es so aus, daß unser Ostberlin plus Umgebung auf die Freie Welt mit Gebärstreik und Wahl der Postkommunisten reagiert hat. Es heißt, daß es auf dem Territorium, das einst die DDR gewesen, einen Geburtenrückgang gegeben habe, wie er nur nach verlorenen Kriegen üblich sei. Und ich lebe in einem Bezirk, in dem die Nachfolgepartei der SED bei der letzten Wahl fast 45% der Stimmen einnehmen konnte. Die alte staatstragende Kaste –? Pustekuchen! An diesem Ergebnis waren die jungen Leute zwischen 18 und 24 überproportional beteiligt. Interpretiere, wer Lust dazu hat.

Ich beobachte derlei Vorgänge mit wachsendem Interesse. Daß ich die Bundestags-Kandidatur unseres Freundes Heym für die Postkommunisten weniger überraschend fand als die Reaktion meiner Umwelt darauf, habe ich Ihnen schon einmal geschrieben. Wer ihn nur ein wenig kannte, mußte doch wissen, daß er die Rolle des Systemkritikers, die ihm die westlichen Medien einst verliehen hatten, nicht auch noch würde spielen wollen, wenn das System verschwunden ist. Aber daß man ihn aus purem politischen Kalkül in die einsamen Niederungen der Altstalinisten verweisen wollte, in dem man dem ahnungslosen Westvolk längst bekannte Sätze, die er mal in den Fünfzigern geschrieben hatte, wie eine Enthüllung darbot, hat mich ebenso ins Grübeln gebracht wie die perfide, einen Tag vor seiner Eröffnungsrede als Alterspräsident des Bundestags lancierte Unterstellung, er habe mit der Staatssicherheit kooperiert. Noch während seiner ernsten und, wie ich fand, würdevollen Rede trugen die Abgeordneten der anderen Parteien so widerwillige, abweisend angespannte Gesichter, als wollten sie einerseits zeigen: Wir hören ihm gar nicht zu!, andererseits aber die Bereitschaft andeuten, auf Kommando ihres Fraktionsvorsitzenden aufzuspringen und den Saal zu verlassen. Kleinmütige Leute, dachte ich vor dem Fernseher. Schlechte Gewinner ...

Daß das ganze Theater schon drei Jahre her sein soll, will mir nur schwer in den Kopf. Die Zeit rinnt mir wie Zuckersand durch die Finger. Eben noch habe ich die ersten Frühlingstage begrüßt, nun suche ich schon wieder nach den Handschuhen. In der Zwischenzeit aber, in diesem halb verregneten, halb heißen Sommer müssen Ihnen die Ohren geklungen haben, so stark habe ich an Sie gedacht. Erinnern Sie sich noch jenes Tages, an dem wir den Bundeskanzler äußern hörten, in dreivierfünf Jahren (so gebunden sprach er es damals aus) werde der Zusammenschluß der beiden deutschen Staaten erfolgreich beendet sein? Ich sehe noch, wie Sie spontan den Kopf schüttelten und meinten, der Mann sei nicht auf der Höhe allgemeiner Kenntnisse, es werde wahrscheinlich die Zeitspanne einer Generation vergehen müssen, es sei denn, es käme etwas Unvorhergesehenes wie die drei K dazwischen. Ich hob die Schultern und fragte, was der klerikale Blick auf die Rolle der Frau mit der deutschen Vereinigung zu tun hätte, aber

Sie sagten, Sie meinten nicht Küche, Kinder, Kirche; Sie meinten Krieg, Krise, Katastrophe!

Ich kannte dieses Kürzel nicht, dachte aber gleich an die Gemeinschaft im Luftschutzkeller der Dunckerstraße, deren Verschworenheit im gleichen Maße zu wachsen schien, wie die Gefahr eines Bombentreffers an Wahrscheinlichkeit gewann. Oder an die kurze Zeit nach der Kapitulation, als alle, gleich ob kleine Nazis oder kleine Kommunisten, ob Deutschnationale oder Sozialdemokraten, ob Indifferente oder Opportunisten, in ihrer Eigenschaft als Staatsbürger des Deutschen Reiches Verlierer des Krieges waren.

Ich nehme an, Sie haben es noch nicht geschafft, ohne Fernseher zu leben, und so darf ich Ihr Wissen voraussetzen, daß die Oder übergelaufen ist. Ich weiß aber nicht, ob Sie das ganze Ausmaß kennen – es ist katastrophal. Besonders im südlichen Polen und in Tschechien sollen ganze Dörfer weggespült worden sein und mit ihnen um die hundert Menschen, die sich vor den plötzlich hereinbrechenden Wassermassen nicht mehr retten konnten. Beinahe wäre auch das Land, das dem Fluß unter dem zweiten Friedrich vor genau 250 Jahren abgerungen wurde, wieder in eine Flußlandschaft verwandelt worden. Obgleich sich viele freiwillige Helfer fanden, mußte man, kurz bevor ein Damm brach und eine verhältnismäßig kleine, südlich von Frankfurt gelegene Niederung überschwemmte, zehn- oder fünfzehntausend Mann von der Armee zur Oder kommandieren, und so konnten andere drohende Deichbrüche mit militärischer Logistik verhindert werden. Es ist ja immer eine Freude, wenn kräftige junge Leute nützliche Dinge tun. Sie haben für den geringen Sold wirklich hart, manchmal bis zur Erschöpfung gearbeitet, und ich hoffe, man wird sie für diese außergewöhnliche Anstrengung statt mit irgendeinem Blech mit einer außergewöhnlichen Prämie belohnen.

Zwei Sommerwochen lang nahmen die Medien in der ganzen Bundesrepublik Anteil an der drohenden Katastrophe, und die geringste Folge davon war wohl die, daß nun beinahe alle Deutschen westlich der Elbe wissen, es gibt in ihrem Land zwei Städte namens Frankfurt. Entgegen meiner neuen Gewohnheit habe ich wieder jeden Abend vor dem Fernseher gesessen und die Berichte bis in die Nacht hinein verfolgt. Mir ist aufgefallen, daß sich die Reporter beiderlei Geschlechts immer jene Standorte aussuchten, bei denen sie in Gummistiefeln und Regenjacken zumindest knöcheltief im Wasser stehen konnten. Auch wenn sie von den Verwüstungen in den Orten Polens und Tschechiens nur summarisch oder in Fragmenten sprachen, fiel mir weiterhin auf, daß sie meist die alten deutschen Namen benutzten; am Anfang noch unsicher und mit einem gewissen Trotz in der Stimme, später wie selbstverständlich. Natürlich kamen auch Politiker aus Bonn am Rhein an die Oder und schwangen Reden, in denen das Pathosvokabular erheblich beansprucht wurde. Von einer *nationalen Aufgabe* und von *heldenhaftem Kampf* war die Rede, sogar der Begriff *Vaterland* soll wieder gefallen sein, und die Interpretationsmechaniker der deutschen Vereinigung registrierten eine mit wachsendem Pegelstand sich erhöhende Spendengeschwindigkeit: So schnell war in so kurzer Zeit noch nie so viel Geld auf die Konten geflossen. Ein Kommentator des Ersten Deutschen Fernsehens griff sogar in den Zitatenschatz des letzten deutschen Kaisers und suggerierte seiner Millionenschaft von Zuschauern den Satz: Jetzt gibt es keine *Ossis* und *Wessis* mehr, jetzt gibt es nur noch Mitmenschen.

Ich saß zur Flutzeit auf meiner Datsche nahe dem Oderbruch, und den ganzen Tag flogen über unser Dörfchen die Hubschrauber mit Sandsäcken zu den langsam, aber sicher aufweichenden Deichen. Zwei- oder dreimal bin ich nach Frankfurt gefahren und habe an der großen Brücke in das lautlos, aber unheimlich schnell strömende Wasser gestarrt, auf dem manchmal Dachbalken, Unrat oder sonstige Überreste von Holzhäusern Richtung Norden trieben. Einmal,

auf dem Höhepunkt der Flut, hörte ich in der Ferne die
Sirenen aufheulen, die das Zeichen zur Evakuierung be-
drohter Gemeinden gaben, und mir zog sich das Gedärm
zusammen, wie damals im Krieg, wenn Fliegeralarm war.
Andererseits bemerkte ich durch die tägliche, sich drei lange
Wochen hinziehende Teilnahme an dem Ereignis via Bild-
schirm auch eine gewisse Abstumpfung, und ich weiß von
exzessiven TV-Konsumenten, die den Dammbruch nach
zwei Wochen Wasseranstieg geradezu erwarteten und ganz
irritiert waren, daß sich die Wirklichkeit nicht nach der Dra-
maturgie des kommerziellen Fernsehens richtete und der
Pegelstand langsam wieder sank.

Unsere Ansiedlung liegt 56 Meter über Normal, und das
Wasser wäre im schlimmsten Fall bis zur übernächsten
Gemeinde, bis nach Marxwalde gelangt, das wieder Neu-
hardenberg heißt. Da hatte ich natürlich gut lachen, als der
Kanzler aller Deutschen bei einem Besuch der bedrohten
Gebiete den Satz ins Mikrophon sprach: Das Hochwasser
ist die erste Heimsuchung nach der deutschen Vereinigung. – Ich mußte laut herausprusten und bin mir bis heute
nicht sicher, war es ein Versprecher oder eine Freudsche
Fehlleistung, zumal die anschwellende Oder eine so große
Menge ambivalenter Aussprüche, Gesänge und Verhal-
tensweisen über das Land spülte, daß ich mit dem Auf-
schreiben gar nicht hinterher kam. So auch ein Bruchstück
aus dem verbalen Fundus unserer zwiespältigen Gesellschaft: Durch die, wie es hieß, beispiellose Welle der Hilfs-
bereitschaft aus allen deutschen Bundesländern sei man der
inneren Einheit ein gewaltiges Stück nähergekommen. Ich
habe zuerst gestutzt, und dann ist mir ganz mulmig geworden. Ich habe mich gleich gefragt, warum ich mich nicht
freuen konnte, und ich habe mich erinnert, daß mir dieser
Begriff erst neulich begegnet ist. Aber wo? Ja, fiel mir ein,
in einer Diskussionsrunde. Da hatte ich wohl schon ein Gefühl der Abwehr verspürt. Aber es mußte noch einen anderen Hintergrund geben, und als ich zu Hause nachfragte,

rief meine Liebste: Na, Heine! Das Wintermärchen!, und sie holte das Buch und las mir in der Küche die Stelle vor, in der der Dichter, durch die Grenzorgane eben tüchtig gefilzt, von einem Mitreisenden erklärt bekommt, daß der preußische Zollverein die äußere Einheit garantiere, die geistige aber gebildet werde durch die Zensur, die wahrhaft ideelle:

> Sie gibt die innere Einheit uns,
> Die Einheit im Denken und Sinnen;
> Ein einiges Deutschland tut uns not,
> Einig nach außen und innen.

Und weil ich immer ein Opfer meines unordentlichen, assoziativen Denken werde, dachte ich nicht gleich an jene Redakteure, die mir seit sechs Jahren mit konsequenter Beharrlichkeit versichern, dieses Jahr sei der Gegensatz zwischen Ost und West wirklich kein Thema mehr, sondern mir stand meine Tante Nanni aus Lübeck vor Augen, mit der ich Ende der Fünfziger in eine Debatte über Deutschlands jüngste Vergangenheit geriet. Eine Zeit früher, im Sommer 1954, nach dem Berner Fußball-Endspiel, war ich noch mit dem Ruf Wir sind Weltmeister! auf die Straße gelaufen, aber inzwischen hatte ich alle Bände der Nürnberger Prozesse durchgearbeitet, wußte alles über Konzentrationslager und daß die Henker des Warschauer Ghettos, über dessen Geschichte ich damals las, was mir in die Hand fiel, unbehelligt und gut besoldet in Düsseldorf, Köln und Hamburg lebten.

Wodurch sei denn das Land gespalten worden, wenn nicht durch die bei Nacht und Nebel geschehene Einführung der Westmark!, hatte ich ihr damals entgegengehalten, und als ich in meiner jugendlichen Emphase einem Familienzerwürfnis immer näher rückte, hob meine Tante Nanni aus Lübeck beschwörend die Hände und rief: Aber in einem wirst du mir wenigstens zustimmen: Wir sind doch alle Deutsche! – Ich blickte in ihre großen, von dem Wunsch nach Versöhnung beseelten Augen. Ich hatte damals auch schon den ganzen Heine gelesen und natürlich Tucholsky, den östlich wie den westlich veröffentlichten, wo die jeweils störenden Sätze fehlten, und wider besseren Wissens rief ich in ihr symphatisches, aber von allen nationalen Klischees gezeichnetes Tantengesicht ein empörtes, durch nichts revidierbares Nein!

Was denn! Der Zufall der Geburt sollte mich mit jedem dieser Façonschnittler, Fettbäuchler und Schnarrstimmenbesitzer stärker verbinden als mit meinen gerade gewonnenen Freunden Gao aus Bejdsching oder Laszlo aus Debrecen? Nie und nimmer! Mir war ja schon jede U-Bahn-Fahrt zur Last geworden, weil sich mir, ob ich wollte oder nicht, die unbeteiligt ins Leere starrenden Gegenüber, sofern sie älter als dreißig waren, zu Trägern von SS- oder Wehrmachtsuniformen verwandelten, so daß ich nicht selten in die Lage von Kästners Fabian kam, der eine Straßenbahn an der nächsten Haltestelle fluchtartig verließ, weil ihn die Frau gegenüber an den alten Fritz erinnerte.

Stimmt, ich war einer Neurose sehr nahe, wenn nicht schon von ihr befallen, und ganz überwunden habe ich sie offensichtlich immer noch nicht, sonst gehörten derart lebensferne Fragen, was aus mir geworden wäre, hätten meine Eltern Ende der Zwanziger statt in der Dunckerstraße in der nördlichen Swinemünder eine Wohnung bekommen, nicht zu denen, die mich in letzter Zeit immer stärker beschäftigen. Die Swinemünder liegt nur ein paar Karrees weiter, gehörte aber später mit ihrem nördlichen Teil zum Westsektor, und dort wäre ich sicher nicht jenem Milieu ausgesetzt gewesen, das man heute etwas verächtlich mit dem Begriff *verordneter Antifaschismus* bezeichnet. Kein Lehrer, kein Vorgesetzter, keine Zeitung wäre auf die Idee gekommen, mich mit der Nase ständig in alles zu stuken, was die Verbrechen der vergangenen zwölf Jahre betraf, und der tägliche Druck meiner Mutter, ich solle mich mittels schulischem Fleiß und gesundem Ehrgeiz von der Plage des vierten Standes befreien, hätte womöglich

Früchte getragen, und ich wäre heute eine angesehene, kurz vor der Berentung stehende Führungskraft des produzierenden, forschenden oder verwaltenden Standes, die sich zufrieden zurücklehnen und den Ausspruch tun kann: Keine zwei Jahre war die DDR verschwunden, und schon war alles in deutscher Hand. – Kann sein. Vielleicht habe ich aber auch nur die falschen Bücher gelesen.

Meine Tante Nanni aus Lübeck habe ich nie wiedergesehen. Zum Abschied und als Geste der Versöhnung gedacht, bot sie mir an, ein Buch meiner Wahl zu schicken. Ich wünschte mir Weisenborns »Der lautlose Widerstand«, in dem, wie ich gehört hatte, die widerständischen Taten der unter Hitler verurteilten kleinen Leute gesammelt waren, mußte aber ihre weltanschauliche Festigkeit unterschätzt haben, denn sie ließ mir über meine Mutter mitteilen, sie könne es nicht verantworten, ein Buch mit derart kommunistischer Tendenz zu senden, und schicke deshalb ausgleichsweise ein wirklich wichtiges, für mein Leben hinter dem Eisernen Vorhang nutzbares Buch. Sie traf mit Camus' »Die Pest« keine schlechte Wahl. Bedauerlich war nur, daß ich es schon längst besaß.

Einmal wurde ich noch an sie erinnert. Anfang der Achtziger, als ich nach Westberlin gekommen war und mich in den Wirren der Hausbesetzungen verfing, meldete sich ein junger Mann bei mir, mit dem ich auf Anhieb in eine lebhaftes Gespräch kam. Es war der Sohn meiner Tante Nanni, Student der Sozialpädagogik, eben in einer Charlottenburger Wohngemeinschaft ansässig geworden und ein so wacher, engagierter und gut belesener junger Mann, daß es eine reine Freude war, mit ihm zu reden. Wir konnten uns über alles einigen, nur über eines nicht: über meine Erfahrungen mit der DDR und das kritische Bild, das ich von ihr hatte. Rein menschlich gesehen fand er meinen Weggang zwar verständlich, politisch aber höchst schädlich und nur der Propaganda gegen die DDR dienend. Ich hätte im Lande bleiben und meine Ideen zum Wohle des Sozialismus einsetzen sollen. Das meinte der 24jährige Sohn meiner Tante Nanni aus Lübeck. Halten Sie es für einen Fall pädagogischer Dialektik, wenn ich Ihnen sage, daß er damals der Deutschen Kommunistischen Partei nahestand, oder war der junge Mann nur das Produkt eines Erziehungsfehlers?

Ich möchte zu gern wissen, was aus ihm geworden ist, und würde mich nicht wundern, wenn er jetzt irgendwo im Osten eine Position einnimmt, die wir früher als Leitungstätigkeit bezeichnet haben. Einige meiner einst systemkritischen Freunde aus dem Westen sind inzwischen hier gelandet, sei es an Fachhochschulen, Universitäten oder als Kursleiter in Weiterbildungsstätten, und sie tun das, was ich einen jungen Akademiker in Freiburg/Breisgau im Monat April 1994 antworten hörte, als er nach dem Grund seiner längeren Abwesenheit gefragt wurde: Ich war in Potsdam. – Was wolltest du in Potsdam? – Na, was schon. Ossis erziehen!

Ich weiß, aus der Perspektive des Breisgaus sieht es auch für Jungakademiker so aus, als wäre eine zeitweilig von fremden Truppen besetzte Provinz nun endlich ans Mutterland zurückgefallen. Ich würde nicht erstaunt sein, wenn das Jahr Neunundachtzig für unsere Landsleute auf den Satz Damals, als wir den Russen für 30 Millarden die DDR abkauften! zusammenschnurrte. Für die Mehrheit der bundesrepublikanischen Bevölkerung begann Sibirien hinter der Elbe. Und wen es doch einmal zu einem Tagesaufenthalt in den Osten verschlagen hatte, der schüttelte verständnislos den Kopf angesichts solch merkwürdiger Begriffe wie Goldbroiler, Plaste und Elaste aus Schkopau und der Endverbraucherpreise von 3 Mark 56 oder 10 Mark 12, und ich glaube, er war richtig erleichtert, wenn er wieder in ein Land zurückkehren konnte, wo so vertraute Wörter herrschten wie Bedarfstrennstelle oder Kerngeschäftsfeld und der Benzinpreis, auf den Zehntel-, der Dollarkurs auf den Zehntausendstelpfennig berechnet wird.

Und das andere Stück Deutschland? Unvorstellbar, dort wäre so etwas wie eine Gesellschaft gewachsen, die gleichermaßen mit der herrschenden Partei wie ohne sie und gegen sie existierte. In der Zeit, als ich den Osten verließ, habe ich auf Nachfragen nach dem Grund öfter das Bild von der Familie benutzt, mit der ich in Streit geraten sei: Du kannst Onkel Erich zwar nicht leiden, aber er trägt nun mal deinen Namen. – Damals war es als Schutz gedacht, mich nicht nutzen zu lassen für Interessen, die nicht die meinen waren. Heute weiß ich, das Bild lag gar nicht so weit von der Wirklichkeit entfernt. Wie es zustande gekommen ist, frage ich mich manchmal selber. Bis zum Mauerbau war ich in – sagen wir: freier Entscheidung im Osten geblieben, die allerdings auf der Voraussetzung freier Wahl beruhte. Ich konnte mich, wenn ich wollte, von einem Tag auf den anderen in die S-Bahn setzen und die Seiten wechseln. Um so größer war mein Zorn, als mir diese Möglichkeit von einem Tag auf den anderen genommen wurde, und ich habe halbe Nächte damit verbracht, mir vorzustellen, wie ich jenen, die mich übertölpelt hatten, eine lange Nase zeigen könnte. Ostern Zweiundsechzig entwich mein Freund Johannes in einem Diplomatenauto mit umgebautem Benzintank über die Sektorengrenze. Wir hatten alles so gut vorbereitet, daß selbst die Sicherheitsbehörden keinen Verdacht äußerten, ich könnte eingeweiht gewesen sein, nicht einmal, als ich ihm seine Bibliothek im Lauf der folgenden Jahre per Paketpost nachsandte. Als wir uns am Nordbahnhof verabschiedeten, machten wir ein Codewort aus, das ich nur auf eine Karte hätte schreiben müssen, dann wäre der gleiche Mechanismus, der ihn über die Grenze befördert hatte, auch für mich in Gang gesetzt worden. Es war ein eigenartiges Gefühl, mit diesem Wort im Kopf durch die Stadt zu laufen. Ich habe zu keinem Menschen darüber gesprochen und natürlich nichts schriftlich fixiert. Zu Johannes hatte ich immer Verbindung gehalten, brieflich und, wenn es ging, telefonisch. Als wir uns nach elf Jahren wiedertrafen, hätte ein unbefangener Beobachter schwören können, wir seien nie getrennt gewesen. Aber als ich meinen Freund dann nach unserem Codewort fragte, hob er erschrocken die Schultern, dachte noch einmal nach und sagte mit beinahe schuldbewußter Stimme: Wie hieß es denn?, und ich hob gleichermaßen die Schultern und sagte: Ich weiß es auch nicht mehr. Hätte ich sonst gefragt? – Wir haben herzlich darüber gelacht und uns darauf geeinigt, daß er sich irgendwann sicher war, ich würde es nicht mehr brauchen, und ich es irgendwann tatsächlich nicht mehr gebraucht habe. Wann genau, konnte ich nicht sagen, wahrscheinlich war es, was man einen Prozeß nennt, aber wann der begonnen hatte, wußte ich noch. Indirekt hatte es sogar mit meiner Tante Nanni aus Lübeck zu tun und mit dem Roman »Die Pest«, dessen Dramatisierung das Westfernsehen Anfang der Sechziger sendete. Ich saß anderthalb oder zwei Stunden gebannt vor meinem Schwarzweißgerät, und am Ende wußte ich, was ich lange empfunden hatte, aber nie auf den Satz bringen konnte: daß es die Angst war, mit der jegliche Macht herrschte, und daß man die Angst verlieren müsse, um die Macht machtlos werden zu lassen. Ich habe fortan unter dieser Kondition zu leben versucht, und wann immer es zu einer Situation kam, in der ich mich entscheiden mußte, etwas, das ich nicht akzeptieren konnte, hinzunehmen oder nicht, habe ich mich gefragt, welches die Konsequenz einer Verweigerung sein würde und ob ich sie ertragen könnte. Je öfter ich das tat, desto sicherer wurde ich meiner, und die Male, in denen ich den Mund hielt oder lavierte, hingen mir derart nach, daß ich die Folgen von schlechter Laune und Mißmutigkeit schon für einen Preis hielt, den zu zahlen ich nicht bereit sein wollte. Offenbar bin ich das lebendige Beispiel für den moralischen Gebrauchswert von Literatur bzw. eines guten Fernsehprogramms. Ich komme darauf, weil mir auffällt, daß die Bereitschaft meiner Mitbürger, über ihre Jahre in der DDR zu reden, in gleichem Maß abnimmt, wie die Forderung danach stärker wird. In den Monaten nach dem Mauerfall wurden doch, frei von der Leber weg und ob man es nun hören wollte oder nicht, die verwickeltsten, komischsten und launigsten Geschichten der vergangenen Jahre erzählt, wie wenn man eben der Aufführung einer etwas zu lang geratenen Boulevardkomödie beigewohnt hätte. Ich weiß nicht mehr, wann genau sich das änderte. Kann sein, es geschah in direktem Zusammenhang mit der industriellen und institutionellen Demontage dessen, was einmal die DDR gewesen. Parallel dazu gewannen in der Presse, im Fernsehen jene Stimmen an Einfluß, die in der DDR den direkten Nachfolger des Nazi-Staates sahen: Dieser sei die erste, jene die zweite deutsche Diktatur gewesen. Mit einemmal standen alle, die bis zum Ende im Ländchen geblieben waren, im Verdacht der Kollaboration mit einem verbrecherischen System, es sei denn, sie hätten nachweislich Widerstand geleistet. Aus dem revolutionären Subjekt des Jahres 89 war zwölf Monate danach das Objekt gesellschaftlicher Transformation geworden, und als die Archive in der Normannenstraße geöffnet wurden, begann so etwas wie eine Neuerschaffung der DDR. Es entstand nichts weniger als eine Welt aus Aktennotizen des Geheimdienstes. Und nun wurden die Leute aufgefordert, ihre Geschichten zu erzählen, und wenn sie es dann taten, kehrten diese in einer Gestalt zurück, daß die Erzähler sich mit Grausen abwandten: Das sollen wir gewesen sein? Das waren wir nicht! – Und ehe sie sich auch noch ihrer Geschichten enteignen lassen, verstummen sie erst einmal. Daß die Zeit des Redens noch kommen wird, ist ziemlich sicher. Ich bin wirklich gespannt auf die autobiographischen Äußerungen über die vierzig Jahre, die unsere Kolleginnen und Kollegen veröffentlichen werden. Einer hat ja schon angefangen, und ich mußte mit Erstaunen zur Kenntnis nehmen, daß man bis ins Präsidium des Schriftstellerverbandes gelangen konnte, ohne die DDR jemals anzuerkennen, nicht mal, wenn man den Paß für die Westreise nahm und auch noch zurückkehrte. Jaja, die Angst, die einem im Nacken saß! Ich weiß, es wird nie direkt gesagt und schwebt nur zwischen den Zeilen, daß es die Angst vor Sibirien oder Bautzen gewesen sein könnte. Wir, Sie und ich, wissen aus eigener Anschauung, es war vor allem die Angst um die nächste Nachauflage.

Sie sind meine Zeugin, daß ich von Anfang an nichts dagegen hatte, die Akten der Staatssicherheit offenzulegen. An Mord und Totschlag, die dann ausbrechen würden, habe ich nie geglaubt. So leicht bringt man keinen ums Leben. Wenigstens bei dieser Voraussage habe ich recht behalten. Ja, ich wollte alles wissen, was über mich gesammelt wurde und wer dazu beigetragen hatte. Ich hoffte auch auf eine therapierende Wirkung dieses radikalen, in der Geschichte moderner Staaten ziemlich einmaligen Vorganges: Nie mehr, dachte ich, sollte irgendein geheimer Informant, gleich wo und für welchen Dienst er seine Tätigkeit verrichtet, sicher sein können, daß es eines Tages nicht doch ans Licht der Welt käme. Und, dachte ich, wenn man weiß, wie *ein* Geheimdienst funktioniert, weiß man auch, wie *andere* Geheimdienste funktionieren! Den Rat einiger geschätzter Kolleginnen und Kollegen, es ihnen gleichzutun und meine Akten für die öffentliche Verwertung sperren zu lassen, nahm ich nicht an, trotz meines Wissens um die vielen falschen, verleumderischen und mißverständlichen Angaben, die in ihnen stehen, und ich sagte: Es ist nicht meine Schande.

Heute muß ich mich korrigieren. Ich kann Ihnen die Fälle gar nicht aufzählen, in denen ich den Eindruck hatte, die Akten würden, statt zur Klärung unserer Verhältnisse, zu Instrumenten des Verdrängungswettbewerbs im Politischen wie im Kulturellen benutzt; es wären zu viele.

Gespannt wäre ich, ob Sie ein ähnlich starkes Ekelgefühl befallen würde, wie ich es empfand, als ich im SPIEGEL einen Artikel über die Stasi-Akten unseres verehrten Kollegen Hans Mayer las. Bekommen Sie jetzt keinen Schreck: Er ist nicht von den Genossen Tschekisten angeworben worden, und hätten sie es vorgehabt, schätze ich, er würde sie abgewiesen haben. Aber die Leipziger Filiale der Staatssicherheit hat ihm einen *Operativen Vorgang* gewidmet, und so ist er das, was man hierzulande ein Opfer nennt. Bekannt war, daß er es ablehnte, ihn einzusehen, und er wollte auch nicht, daß ein anderer den ganzen gesammelten Tratsch lese. Sein gutes Recht, werden Sie sagen, aber da haben Sie falsch gedacht. Die Tatsache, daß jemand als öffentliche Person gilt, verbunden mit der Absicht, eine wissenschaftliche Arbeit zu verfassen, hebt das Recht zur Sperrung einer Opferakte auf. Es dauere, las ich, in solchen Fällen nur ein wenig länger, bis sie zur Einsicht freigegeben werde. Was würden Sie zu einer Arbeit sagen, die den Titel »Die kleinen Lügen einer großen DDR-Karriere« trägt? Sie denken an politischen Journalismus? Sie denken im Falle Mayers, es gehe um Gesinnungskritik an einem Mann, der nicht gewillt ist, seine Erfahrungen umzudeuten und dem opportunistischen Geist der Zeit zu opfern? Ich auch. Aber es ist die Arbeit eines Germanisten, der sich Mayers Tätigkeit in Leipzig via Aktenlage angenommen hat. Es ist tatsächlich so weit gekommen, daß jeder studierte Schmock die Spuren, die wir in Mielkes Archiven hinterlassen haben, für seine Zwecke verwerten kann, wenn er sie nur wissenschaftlich tarnt. Merkt niemand, daß wir damit in der gleichen Angelegenheit zum zweiten Mal Objekt werden? Oder ist dieser Angriff auf die Würde eines Menschen (und Sie wissen, ich scheue eigentlich den Gebrauch so hoher Worte) vielleicht gewollt? Jedenfalls wird sich der Pfarrer, der über den Akten thront und ihren Gebrauch mitverantwortet, beim Jüngsten Gericht auf eine längere Verhandlung einrichten müssen, sofern er, woran ich keinen Zweifel hege, seines Glaubens noch sicher ist.

Sie können mich jetzt an meine Affekte erinnern, die ich Zweiundneunzig, kurz nach der Einsicht in das konspirative Material, so spontan zum Ausdruck brachte. Sie können mir sagen, ich hätte einst geäußert, daß die Aktenöffnung mir möglicherweise die Existenz rettete, weil ich nicht wußte, ob ich mit einem Verdacht, der von der Abteilung XX/7 gestreut und von einigen, wirklich nur einigen meiner Freunde und Freundinnen weitergetragen wurde, noch hätte leben können. Aber damals war mir nicht klar (obgleich es mir hätte klar sein können), daß die Mehrzahl derer, die das konspirative Material an die Öffentlichkeit tragen, weder die fachliche noch die moralische Qualifikation für den Umgang mit ihm haben. Ahnungslosigkeit ist noch der mildeste Vorwurf. Aber warum habe ich nicht daran gedacht, daß jede Nachricht auf dem Markt auch zur Ware wird, daß sie sich in Geld verwandeln läßt und damit jeden moralischen, jeden gesellschaftlichen Gewinn ins Zwielicht rückt? Egal, es wäre nichts zu verhindern gewesen, und noch heute bin ich mir nicht sicher, ob ich es hätte verhindern wollen. Natürlich erinnere ich mich meiner hemmungslosen Heulerei während der Autofahrt von der Normannenstraße in die Stadtmitte, nach dem ersten Blick auf das Papier. Aber schon damals glaubte ich, der Gefühlsstoß sei vor allem auf den Zeitraffereffekt zurückzuführen, der einem zehn, zwanzig Jahre seines Lebens innerhalb von drei, vier Stunden vorführt. Wenn ich heute, was ich manchmal tue, die Akten zur Hand nehme, lese ich sie viel emotionsloser, als hätte sich die Zeit gleichsam entzerrt und gliche sich der wirklichen Geschwindigkeit an. Daß jene Institution, deren Vorhandensein wir ja spürten und spüren sollten, einem libertären Sozialismus erfolgreich entgegenarbeitete, wußten wir ja auch damals und ohne Kenntnis der Akten. Wenn ich die kurze Zeit unserer Stasi-Paranoia abziehe und einen Versuch der Quantifizierung wagen wollte, würde ich doch nie mehr als zehn – ach, fünf Prozent Lebenszeit schätzen, in der wir uns mit der Staatssicherheit beschäftigt haben. Und dabei wußten wir doch, daß so vieles von dem, was wir taten, ihre Aufmerksamkeit auf uns lenken mußte.

Die Konfidenten? Fünf Jahre nach Kenntnis ihrer Identität urteile ich wie damals, als ich noch in der DDR lebte. Wer mir sympathisch ist und etwas zu sagen hat, mit dem kann ich reden, egal, ob er bei der Stasi war oder nicht. Das hat auch einen praktischen Grund, den ich mir von unserem alten Freund Eddy Endler abgeguckt habe. Er hat einmal geschrieben: Würde er zu allen den Kontakt abbrechen, die ihn einst bespitzelt oder – was er genau so schlimm finde – für einen Spitzel gehalten hätten, wäre er ein verflucht einsamer Mensch.

Ich habe allerdings noch ein ganz anderes Problem. Sie werden es nicht glauben, aber meinem alten Kumpel, dem ich einiges verdanke und der als *IM Kurt* in meiner Akte auftaucht, laufe ich seit Jahren quasi hinterher. Für ihn war nach dem Ende der DDR eine Welt zusammengebrochen, und er ist innerhalb von Wochen weißhaarig geworden. Wir hatten uns ausgesprochen und uns die Hand gegeben, und ich glaubte, nun sei das Problem erledigt, aber seither kann ich tun, was ich will, ich begegne ihm nicht mehr. Lade ich ihn zu einer Lesung ein, kommt er nicht. Schreibe ich ihm eine lockere Karte, läßt er mir über seine Frau, die ich manchmal in der Kaufhalle treffe, ausrichten, wie eingespannt er zur Zeit sei. Anfangs war ich ganz irritiert. Man möchte sich ja nicht aufdrängen, nicht wahr? Dann habe ich es akzeptiert. Mir ist eines schönen Tages aufgegangen, daß ich für den Rest unseres Lebens in der moralisch stärkeren Position sein werde und daß es eher für Empfindsamkeit als für Rigidität spricht, wenn er sich einer solchen Situation nicht aussetzen möchte, wäre sie doch ähnlich unecht wie bei den Malen, da wir zusammengetroffen sind und er über mich berichtet hat; übrigens nie wirklich Schadendes.

Und unser Kollege Fries, über dessen konspirative Tätigkeit alle so schockiert waren? Ich habe von ihm nie geredet, auch Ihnen gegenüber nicht, obgleich mir schon nach dem ersten Blick in die Akten klar war, wer sich hinter dem Pseudonym *Pedro Hagen* verbirgt. Warum? Weil er, verdammt noch mal, nicht das war, was ich unter einem Agenten verstehe. Er hätte uns doch auffliegen lassen können, im Mai 79, als ich bei ihm mit dem Brief an Honecker auftauchte, der für uns so krasse Folgen hatte, und um seine Unterschrift nachsuchte. Er hat ihn sich durchgelesen wie ein paar Jahre vorher die Biermann-Resolution, als Ulli Plenzdorf und ich am frühen Morgen vor seiner Tür standen und er beinahe erleichtert seinen Namen darunter setzte. Diesmal gab er mir das Papier zurück und bat mich, ihn, wie er sagte, auszulassen. Bist du erpreßbar, fragte ich. – Wenn man so will, sagte er unbestimmt, aber für diese Zeit konkret genug, um zu wissen, was zu wissen nötig war. Ja, er hat dann darüber geredet, irgendwann, vier, fünf Wochen später, aber da war schon alles entschieden. Was wäre passiert, hätte er zum Telefon gegriffen und die ganze Aktion verpetzt? Wie er es doch hätte tun müssen, wäre er wirklich der gewesen, für den man ihn heute hält?

Ich bin mir ziemlich sicher, die Sache mit der Stasi war von Anfang an mit einem Geburtsfehler behaftet. Wer die Konspiration mit ihr zugab, verlor seine Arbeit oder sank in die gesellschaftliche Isolation. Wer unter solchen Umständen Ehrlichkeit verlangt und in Entrüstung fällt, wenn sie ihm nicht gewährt wird, ist ein Heuchler oder einer von der Sorte Mensch, bei denen die Säfte in Wallung geraten, wenn ein anderer vor ihm kniet und um Verzeihung bittet. Aber sie birgt auch noch Risiken und Nebenwirkungen, die weder beim Arzt noch beim Apotheker abgefragt werden können. Mir zum Beispiel ist aufgefallen, daß ich an jene Menschen, die ich in meiner Akte als Informanten gefunden hatte, nach einiger Zeit nur noch unter ihren Decknamen dachte. Einmal, ich fuhr die B 1 Richtung Berlin, sagte ich kurz vor einer Kreuzung im normalsten Tonfall der Welt: Hier links gehts übrigens zu *Julia* und *Kurt*! und wurde erst nachdenklich, da mich meine Liebste mit einem Blick ansah, als wäre ich von einer seltsamen Krankheit befallen. Der konspirative Stoff, das Eindenken in das Denken eines Geheimdienstes hat offenbar kolonisatorische Eigenschaften und verformt unsere Wahrnehmung von Wirklichkeit ebenso, wie sie die Wahrnehmung von Wirklichkeit der Geheimdienste verformt hat: So viel Aufwand, das halbe Land, ach, halb Europa konspirativ unterwandert – und was hats genützt?

Unseren Freund Jochen, der sich schon früh für die Hinterlassenschaften der untergegangenen Ämter interessierte und einige Zeit in der Gauck-Behörde arbeitete, warnte ich einmal scherzhaft, er solle sich nicht zu lange und zu intensiv mit dem Kram aufhalten, er würde sonst bald selbst zum Stasi werden. Er sah mich ein wenig verwundert an und kam ein Jahr später auf meinen Satz, den ich schon vergessen hatte, mit der Bemerkung zurück, ich hätte unrecht gehabt, er gehe jeden Morgen mit Abwehr ins Büro und ekele sich manchmal förmlich, die Akten in die Hand zu nehmen. Wieder ein Jahr später telefonierten wir. Ich hatte auf einer Lesung mit einer Frau gesprochen, von der ich nur den Vornamen wußte und die mir nachdrücklich Grüße an ihn aufgetragen hatte. Ich sagte, ich soll dich übrigens von Monika grüßen. – Monika? fragte er. Welche Monika? – Na, so eine schlanke Aschblonde, sagte ich, so Mitte bis Ende Dreißig. Sie sagt, sie hat mal mit dir zu tun gehabt. – Beim besten Willen, ich kenne keine Monika, antwortete er nach einer Pause des Nachdenkens und fügte hinzu: Wie ist denn ihr Klarname?

Wir haben gelacht, ich ein wenig triumphierend, er ein wenig verlegen, aber seither bin mir sicher, daß es seinen Grund haben muß, wenn ich die Aufforderung der Behörde, ich solle mich bis zum soundsovielten melden, falls ich noch einmal Einsicht in die Akten meines *Operativen Vorgangs* nehmen möchte, verschwitzt habe. Nun ist er wieder im Archiv, und das einzige, was ich noch erledigen muß, ist seine Sperrung für den Gebrauch durch andere Personen. Auch wenn es im Fall des Falles gar nichts nützen würde, ist es doch wenigstens ein demonstrativer Akt.

Die inhaltlichen Zyklen der Presse verlangen ohnehin bald einen Trendwechsel. Möglich, es wird nicht mehr lange dauern, dann richtet sich ihr Interesse auf eine andere Klientel, und es wird, wenn einer aus dem Osten kommt, heißen: Hat er wenigstens mal mit der Stasi gekungelt?

Sie haben mich schon einmal ermahnt, ich solle nicht in Resignation verfallen – vor Jahren, als ich Ihnen angesichts der Zeitenwende, die im Westen schon Mitte der Achtziger begann, einmal schrieb, ich könne von der Utopie nur noch im Perfekt reden. Damals antworteten Sie mir, ich sei, obschon Mitte Fünfzig, noch nicht in dem Alter, der Hoffnung zu entsagen. Ich habe seinerzeit lange darüber nachgedacht, ob Sie mit Ihrem Verdacht recht hatten. Ist es Resignation, wenn man sich der Verflüchtigung jenes großen Gefühls der Einmaligkeit versichert, das ich so intensiv empfand, als ich in die beiden damals noch besetzten Schöneberger Häuser zog, um einem, wie ich glaubte, einmaligen Ereignis beizuwohnen: dem Leben in der Gegenwelt einer großen Gruppe? Als ich Ihnen schrieb, waren die Häuser aufgebaut, unsere Pläne verwirklicht; ich lebte in annähernd herrschaftsfreien Räumen, hatte ein wunderschönes Zimmer mit Blick auf die Kastanie im Hof und auf den Garten, den wir dachwärts angelegt hatten, und war im vollen Gefühl der Sicherheit, hier auch für den Rest meines Lebens einen Platz zu haben. Ein wenig irritierend war nur die Tatsache, daß die Leute, die zu uns zogen, immer jünger waren und daß Kinder geboren wurden und ich mich für die Rolle eines milden Großvaters gar nicht tauglich fand. Und als dann die Mauer fiel, wurde mir mit einem Male klar, daß ich in all meinen Westberliner Jahren immer auf einen günstigen Zeitpunkt gewartet habe, um wieder in den Osten zu wechseln. Und in gleichem Maße, in dem ich im Geiste Abschied nahm von den Menschen, mit denen ich neun Jahre lang zusammen gelebt hatte, wuchs in mir die Vermutung, daß wir uns irren, wenn wir die Utopie allzu eng mit der Zukunft verbinden. Kann es nicht sein, daß sie in der Gegenwart stattfindet, im Moment der Idee oder des Entwurfs und des Entschlusses, etwas Neues zu wagen? Und der Arbeit daran?

Sie wissen, ich war früher ein viel ernsthafterer Mensch als jetzt. Was mich damals in eine existentielle Krise stürzen konnte, beantworte ich heute eher mit einem Witz. Das meiste nehme ich nur noch *über den Kopf* auf. Nicht, daß ich wegschaue, wenn sich etwas verändert; ich nutze es, wo ich kann. Zum Beispiel schreibe ich schon seit einigen Jahren auf einem Computer, es schont die Sehnenscheiden und macht Korrekturen von Manuskripten einfacher, wenn auch weniger sinnlich. Außerdem kann ich die Investition von der Steuer abschreiben. Davor, daß ich dieses lustige Gerät aber anders benutze als eine komfortablere Schreibmaschine und ich mich, wie Sie ironisch fragen, zukünftig *online* bewegen werde, schützt mich die Lektüre eines Büchleins, das ein gewisser Bill Gates geschrieben hat. Wenn Sie noch nicht von ihm gehört haben sollten: Das ist ein blasser junger Amerikaner mit agilem Temperament und einer hohen, wenn auch einseitigen Begabung, der die Tatsache, daß es bald möglich sein wird, auf virtuelle Weise durch den Madrider *Prado* zu wandeln, ohne sich aus der Rykestraße zu entfernen, wie einen gewaltigen gesellschaftlichen Zukunftsentwurf mit globaler Dimension beschreibt. Mit dem gleichen Feuer muß Karl Marx an sein »Manifest« gegangen sein, auch wenn ich zugebe, daß Gedankenfülle und Stil nicht die Spur eines Vergleiches zulassen. Natürlich weiß ich, daß der Mikrochip die Lebensverhältnisse verändert hat und weiter verändern wird. Es ist, als wären Telefon und Fernsehen gleichzeitig erfunden worden, seine Rolle beim Zusammenbruch des autoritären Sozialismus kann man nicht hoch genug ansetzen. Wäre ich ein wenig jünger, könnte ich die Euphorie, die einige meiner Bekannten erfaßt hat, vielleicht sogar teilen. Aber jetzt, da ich gerade dabei bin, mich vom Fernsehen zu befreien; da ich mir den Luxus leiste, meine Sommermonate auf dem Land telefonfrei zu verbringen; da sich die Tatsache, daß Maschinen die mühevolle Arbeit der Menschen endlich übernehmen, als ein Fluch erweist – jetzt läßt mich das Feuer menschlicher Begeisterung, an dem ich mich oft genug gewärmt habe, kalt. Daß diesmal auch nicht der kleinste Funke auf mich übersprang, ist nur bedingt meinem altersdicken Fell zuzuschreiben, mehr noch dem Verlust der Angst, als rückständig zu gelten. Ich vermute, ich werde auch für den Rest meines Lebens *on life* bleiben, und zu dem jungen Mann, der schon deshalb zu einer Ikone der Marktwirtschaft aufgestiegen ist, weil er aus dem Nichts ein paar Milliarden gestampft hat, fällt mir nur der *Plot* zu einer Satire ein: Bill meets Charles. – Ich meine Charles Bukowski.

Trotz allem Gewinn an Gelassenheit beschäftigt mich die Frage, warum mir und meinesgleichen die Gewöhnung an die neuen Zustände so schwerfällt, weiterhin. Zuerst dachte ich, es liegt daran, weil wir am Zustandekommen der Verfassung, unter der wir nun stehen, so gar keinen Anteil hatten. Nicht, daß sie mir im Ganzen mißfiele – es ist nur die Fremdheit, die ich empfinde, wenn ich alter Ungläubiger auf das Christentum verpflichtet werden soll oder wenn ich sehe, daß das Privateigentum – gleich, ob es sich asozial gebärdet oder nicht – den Rang einer heiligen Kuh genießt, ähnlich wie weiland die führende Rolle unserer glorreichen Partei. Im Alltag spielt die Verfassung ohnehin eine untergeordnete Rolle, und der Gewinn, unter zwanzig Sorten französischem Käse wählen zu können, macht nicht wett, daß der größte Teil der neuen Nahrungsmittel eher einen faden Geschmack hinterläßt. Man hat das Kunststück fertiggebracht, den Harzer Käse nahezu geruch- und geschmacklos zu machen. Richtige Schrippen können sie auch nicht backen, und das Ketchup ist ein Skandal. Andererseits sind die hygienischen Einrichtungen unserer Kneipen wirklich um zwei, drei Qualitätsstufen gehoben worden, und die Kellner haben die Macht endgültig verloren.

Ich gebe zu, es ist nicht alles schlecht, was aus dem Westen kommt!

Meine Distanz muß also noch andere Gründe haben. Vielleicht die Alternativlosigkeit? Vor anderthalb Jahrzehnten gab mir unsere Freundin Irene, die ein halbes Jahr später als ich in den Westen übergesiedelt war, zu bedenken, wie gut wir es im Osten gehabt hätten, und sie begründete es mit den Worten: Als uns alles bis zum Hals stand, konnten wir immer noch einen Ausreiseantrag stellen.

So oder so, an *eine* Determinante dieses neuen Deutschlands werde ich mich bestimmt nicht gewöhnen können. Immer wenn zum Sendeschluß die Melodie des Deutschlandlieds erklingt, geht es mir wie vielen Leuten meines Alters. Mir stellen sich die Haare im Nacken auf, und ich höre unweigerlich das mit dieser Hymne einst zwillingshaft verbundene Horst-Wessel-Lied folgen. Wissen Sie noch, wie es begann? Die Fahne hoch, die Reihen fest geschlossen ...

Mit dieser Möglichkeit vor Augen frage ich mich manches Mal, ob eine geographisch bedingte Finsternis einer gesellschaftlichen nicht vorzuziehen sei. Vergessen Sie mich also nicht! Und sei es, um mir im Fall des Falles ein Plätzchen an der europäischen Peripherie freizuhalten. Wir hätten doch eine Menge zu reden, und da wäre der Studentengarten, in dem ich mal zwei, drei sonnige Nächte verbracht habe, vorzüglich geeignet. Wollen wir sicherheitshalber ein Codewort ausmachen? Wenn wir Glück haben, fällt es dem Vergessen anheim. Aber sicher bin ich mir nicht. Noch immer glaube ich, daß die Vereinigung das letzte deutsche Abenteuer vor dem nächsten Krieg ist. Und wer sagt, es sei entschieden, welche Option Westeuropas volkreichstes Land einst wählen wird: die nationale oder die kosmopolitische?

Ich sehe mich nur bedingt als Teilnehmenden an seiner Zukunft. Eine Generationenfrage, werden Sie sagen. Dafür spräche, daß es immer komplizierter wird, jungen Leuten die letzten fünfzig Jahre deutscher Geschichte einigermaßen plausibel zu machen. Acht Jahre nach dem 9. November 1989 ist es selbst für mich kaum noch vorstellbar, wie es möglich sein konnte, eine Stadt durch eine Mauer zu teilen. Mühsam muß ich mir meine Geschichte erzählen, um auf den Grund vorzustoßen: daß all die geduldige oder trotzige oder verzweifelte Hinnahme nur durch die Erfahrung des Krieges möglich gewesen ist. Alles, auch die Mauer, war besser als Krieg. Bald aber werden wir lebenden Beispiele dieses verfluchten deutschen Jahrhunderts ausgestorben sein; und mit uns dieser Satz. Alles wird wieder möglich, denn daß sich Erfahrungen nicht weitertragen lassen, haben wir beide am Beispiel unserer Kinder erlebt.

Vielleicht kommt aber alles ganz anders. Hierzulande macht sich ja seit einigen Jahren eine Tendenz bemerkbar, die völlig neue Perspektiven eröffnet: Massenhaft versilbert der Staat sein Eigentum. Ob Post, Telefon, ob Strom- oder Gasmonopol, ob große Wohnungsbaugesellschaften – alles, was Gewinn bringen könnte, soll in private Hand oder ist es bereits. So peu à peu finanzieren Banken und Konzerne auch schon wichtige Teile des Kulturbetriebs; vom Sport ganz zu schweigen. Wenn eine Fußballauswahl der Bundesrepublik Deutschland zu den übernächsten Weltmeisterschaften als Betriebssportgemeinschaft der Deutschen Bank oder von Mercedes Benz auf das Spielfeld liefe, würden wir uns ebensowenig wundern, wie wir uns über die Nachricht gewundert haben, daß ein amerikanischer Unternehmer der UNO eine Milliarde Dollar spendiert hat, damit die finanziellen Rückstände seines Staates wenigstens teilweise ausgeglichen werden.

Und wenn er den ganzen Laden gekauft hätte? Die Vorstellung ist doch nicht abwegig, die Staaten dieser Welt gingen den Weg der Privatisierung konsequent weiter. Stellen Sie sich vor, sie würden sich eines schönen Tages in Dienstleistungsbetriebe verwandeln und Aktien emittieren! Dann hätten die Völker die Chance, via Aktivierung ihres Risikokapitals ganz normale Anteilseigner zu werden. Statt periodischer Wahlen gäbe es Aktionärsversammlungen, und auf der Wirtschaftsseite der Zeitungen könnten wir jeden Tag die Kursentwicklung verfolgen: Frankfurtmannheimer plus 11,4, Ciba Geigy plus 114, Bundesrepublik Deutschland minus 6. Und welche Möglichkeiten ergäben sich für die Völker angesichts der Globalisierung unserer Finanzmärkte! Würden wir lieber China ordern oder Frankreich?

Die Sache hat ja nur den Haken, daß wir beide, Sie und ich, angesichts unserer Spareinlagen höchstens als Klein-, ach, als Kleinstaktionäre infrage kämen, und weil die Stimmrechte ja nach Anteilen gewichtet werden, hätten wir auch nicht mehr zu sagen als jetzt. Aber ich kann mir nicht helfen, es käme mir ehrlicher vor.

(1997)

Quellennachweis

Sehnsucht nach der DDR? – In: DIE ZEIT. Messebeilage zur Leipziger Buchmesse, Hamburg, Nr. 23/1993.

Die Mauer, die Not und die Tugend – In: Wochenpost, Berlin, Nr. 34 vom 19. 8. 1993.

Russische Botschaft – In: ZEIT-Magazin, Hamburg, Nr. 41 vom 3. 10. 1991.

Helmaktion, Stolperschritte auf dem dritten Weg – In: taz, Berlin, vom 10. 4. 1993.

Das Gerücht – Rundfunksendung. RIAS, Berlin, 1993.

Die Akte – In: neue deutsche literatur, Berlin, Nr. 8/1993.

Das doppelte Ich – Vortrag an der Keio Universität, Tokio, im Mai 1993. Erstdruck.

Kies für die Hauptstadt. Notizen für eine Chronik – In: Wochenpost, Berlin, Nr. 40 vom 30. 9. 1993.

Macht, Literatur, Staatssicherheit – Vortrag in Japan. In: Feinderklärung. Literatur und Staatssicherheit, Text und Kritik Nr. 120, hg. von Heinz Ludwig Arnold, München 1993.

Fühmanns Briefe – Rezension zu Franz Fühmann, Briefe 1950 bis 1984, Rostock 1994. In: Berliner Zeitung vom 9. 7. 1994.

Anfang einer Affaire – In: neue deutsche literatur, Berlin, Nr. 1/1992.

Fragebogen: Zensur – In: Fragebogen: Zensur, hg. von Richard Zipser, Leipzig 1995.

Literatur und Finanzamt – Diskussionsbeitrag. Erstdruck.

Erste Sätze – In: neue deutsche literatur, Berlin, Heft 500, Nr. 2/1995.

Letzte Sätze – Erstdruck

Widerstand zwecklos! Brief nach Island – Erstdruck.

Die Beiträge wurden in einigen Fällen aktualisiert und gekürzt.